指導歴25年超＆
〝生の声〟で実証！

【中学生】成績トップの子の親がしていること

さくら個別指導学院 代表 國立拓治
Takuji Kunitate

大和出版

はじめに

中学生の子をもつ、すべての親の力になれることを信じて――

「どうせ賢い子だからできることばかりが書いてあって、うちには関係のない内容なんでしょ?」

タイトルを見てこの本を手にとってくださったあなたは、そう思っているかもしれません。

たしかに中学生の子を取り巻く状況は、各家庭でさまざまです。

親と子それぞれの性格も、親子の距離感も、子どもの学力も、子どもの勉強への関心度も。

各家庭で状況はそれぞれ大きく違いますが、

「そんなさまざまな状況のすべての家庭の力になりたい」

と願い、私はこの本を書きました。

◎フルタイムで働いていて、子どもの勉強を見てあげる時間が少ない家庭
◎反抗期の真っ只中で、子どもに積極的に関わることができない家庭
◎子どもは勉強への気持ちが薄くて、親ばかりが意気込んでしまっている家庭
◎親子で協力して勉強をしているのに成果がなかなか出ない家庭
◎夫婦間で子どもへのサポートの考え方が違って足並みが揃わない家庭
◎保護者よりも子どものほうが勉強が得意になってアドバイスしづらい家庭

「中学生のわが子の勉強面で悩んでいる、あらゆる保護者の力になれたら」と、さまざまな場面を想定して書いたのがこの本なのです。

もちろん、記述のすべてが役に立つなどというケースはほぼないでしょうが、**「中学生の子をもつすべての家庭にとって、記述のどこかが必ず役に立つ」**という本にすることはできたと自負しています。

私はこれまでに中学生向けに**【くにたて式】**というシリーズの勉強法の本を合計3冊、出版してきました。

「もう中学生の勉強法に関しては、ずいぶん書いてきたなぁ」

と思っていたところ、ふと気がついたのです。

「あぁ、中学生本人に伝えることはほぼ書いたつもりだけど、その保護者に伝えたいことはたくさんあるじゃないか！」と。

そんな思いから、私はさっそく、中学生の保護者向けである本書を書き始めました。

指導歴が30年近くあることから、内容には絶対的な自信があります。

ただ、執筆しているプロセスで、こんな思いが湧いてきたのです。

「自分のメッセージの裏付けとなるものがほしい……。何かいい方法はないだろうか？」

考えた末に出てきたのが、**「成績上位5％の家庭にアンケートをとってみる」**というアイデアでした。

私はさっそく、自分のブログで成績上位5％の家庭に、家庭での取り組みのアンケートへの協力をお願いしてみました。

当初は、

「20家庭くらい集まればありがたいな」

と思っていたら、予想外の展開に。

協力を申し出てくれる家庭が集まること集まること！

いっこうに集まる勢いが衰えないのです。

あっという間に１００家庭を超えて、

「集計できなくなるといけないから」

と、こちらでストップをかけ、最終的に１４０家庭もの協力を得られることになりました。


「どうしてこれだけ多くの家庭に協力してもらえたのだろう？」

と考えてみた結果、その理由は３点ありました。


１点目は、これまでの私の本を読んでくれた読者の方の**「お返し」**という理由です。

「國立先生の本のおかげで成績が上がったから協力させてもらいます」

と、声かけいただけました。恩返しのような形での参加ですね。

ありがたいかぎりです。

２点目は、**「自身の取り組みを見つめ直す機会にする」**という理由です。

「これまでの取り組みを振り返って、下の子のときに役立てたい」

という動機を教えていただきました。

そして、3点目が一番大きいのではないかと思っているのですが、**「ママ友には話しにくい成功体験をどこかで活かしてほしかった」**という理由です。

どれだけうまく学習サポートができたとしても、その家庭での取り組みの成功体験を語る機会というのは、意外なほどないものですよね。

ママ友に**「サポートのコツを教えてほしい」**とせがまれても、どこまで話していいのかということに気を使いますし、話し過ぎて自慢みたいになることも避けたいはずです。

この3つ目の理由の強さを肌で感じ、

「140もの家庭からいただいた〝生の声〟は、じつは簡単に聞くことができない、とても貴重なものだ」

と確信したのです。

「ママ友には聞きづらい各家庭の学習サポートの実態を140家庭分ものぞけたならば、保護者にとってこんなにありがたいことはないはずだ」

本書のタイトルが、**『［中学生］成績トップの子の親がしていること』**となったのも、そうした背景があったからこそなのです。

繰り返しになりますが、本書は中学生の子をもつ親の悩みを減らし、子どもへの学習サポートを楽しく実行できるようになることを目指してつくりました。**内容の確かさは、私の長年にわたる指導経験と、成績上位5％の家庭の〝生の声〟で実証ずみ。**

必ずお役に立てるものと確信しています。

さあ、準備はよろしいですか？

それではさっそく、本文でお会いしましょう。

さくら個別指導学院　代表　國立拓治

［中学生］
成績トップの子の親が
していること

もくじ

はじめに　中学生の子をもつ、すべての親の力になれることを信じて――

序章

まずは子どもをサポートするための大前提を知っておこう

第1章

ズバリ、成績トップの子の親には共通点があった！

第2章

［学年別］子どもへの接し方とサポートはこうしよう

第3章

［場面別］日常生活ではこうサポートしていこう

第4章

［場面別］テスト勉強・入試勉強はこうサポートしていこう

第5章

学校や塾とはこのように関わっていこう

第6章

こんなとき、どうする？ 親から寄せられた質問TOP10

ブックデザイン　村﨑和寿

序章

まずは子どもを サポートするための 大前提を知っておこう

この本では、中学生の学習サポートについて、さまざまな角度からお話ししていきます。

ただ、その前に必要なのが、今どきの中学生の実態をざっと把握してもらうことと、保護者のサポートの実情を大まかに知ってもらうことです。

いわば、この本を読み進める準備運動といった位置づけですね。

まずは、この章で全体像を感じてもらえればと思います。

1

今どきの中学生の3年間はこうして過ぎていく

急激に成長して卒業時は別人のように！

今の中学生って、どんな感じかイメージができますか？　私は団塊ジュニア世代なので、自分自身の中学時代はもはや30年以上前になります。

今も昔も変わらぬ部分もありますが、令和になって大きく変わった部分も多々あります。具体的な話に入る前に、この部分を最初に確認しておきましょう。

まずは心身の成長部分について。

中学の3年間というのは、心も身体も大きく成長する時期ですよね。ご自身のことを思い出せるでしょうか？

とくに男子は女子と比べて身体の成長の開始が遅いので、中学3年間での変化が大きく、心のほうも思春期を迎え、服装や髪型に気を使ったりし始めます。

男子は家庭での口数が減ってきたり、女子は露骨に父親に嫌悪感を抱く時期です。このあたりは昭和から変わらない部分ですよね。

スマホとともに生きてきたデジタルネイティブ世代

さて、昭和・平成・令和と時代は移り変わり、中学生を取り巻く環境は大きく変わっています。

一番の変化は**「スマホ」**でしょう。今の中学生は生まれたときにはスマホがありましたし、生まれたときからインターネットを快適に使用できる環境がそろっているデジタルネイティブ世代です。

さらにはコロナ禍もあり、中学生のスマホ所持率はグッと上がりました。

文部科学省のＧＩＧＡスクール構想のもと、学校でも１人１台のタブレット端末が学習に利用されるようになり、ネットリテラシーに関しては、保護者よりも子どものほうが高いというケースも多々あります。

また、ネットの普及もあって価値観の多様化が進み、各々が他人を気にせず自分の好きなものに熱中していくようになりました。

こうしたところは、何だか欧米的で素敵な変化だなと、塾の指導現場では感じています。

中学校生活の典型的なパターンはこんな感じ

こうした状況のなかで中学校生活が始まります。子どもたちの生活は小学生のときとは一変し、本当に忙しい毎日を過ごすことに。

部活が始まり、学習量が増え、友人関係が変わるなど、大きな変化にぶち当たる中学1年の状況を指して**「中1ショック」**とか**「中1ギャップ」**などという言葉もあるほど。あわただしい1日1日をクリアするのに精いっぱいだと言っているうちに、中学1年が終わります。

中学2年になり、ようやく中学生活に慣れてきたかと思ったら、今度は思春期と反抗期がやってきます。勉強も生活も中だるみしてきて、保護者がどうしたものかと困っているうちに中学2年も終わります。

気がつけば最終学年の3年生。周りの子たちは受験に向けてギアを上げ始める頃。受験や進路に心を悩ます保護者の気持ちなどつゆ知らず、ピリッとしない子どもに保護者がストレスをためる日々を過ごします。

受験が近づけば今度は子どもがピリピリしてきて、逆に保護者が気を使う状況。そして、春近くに受験を終えて中学3年も終わります。

以上、中学校生活の典型的なパターンを書いてみました。

本当にあっという間です。塾の指導現場でも高校入試を終えた生徒たちを見て、**「ついこの前、中学に入学したばっかりだったのに」**などと毎年思っています。

お子さんが過ごすであろう3年間、大まかにイメージできたでしょうか。

まずは、保護者として、この大きな流れを把握しておいてほしいと思います。

中学3年間
ダイジェスト

中1

ひーっ。
中学忙しい！
小学校との
ギャップ！

中2

しようとしてた
ところだってば。
いつ宿題
するの!?

中3

テレビうるさい！
受験勉強できん！
そんな
ピリピリ？

2

中学生にも親の学習サポートは必須！

◎こんな勘違いをしていませんか？

中学生の怒涛の3年間を感じてもらったところで、ここからいよいよ保護者のサポートについて見ていきましょう。まずは、とても大切なことを言わせてください。

「成績上位の子の保護者は、関わり方の深さの違いこそあれ、皆が学習サポートをしている！」ということです。

なかには、

「成績がいい子というのは、保護者が小言を言わずとも自分から勉強に取り組んでくれるので、ラクで羨ましい」

と思っている方もいると思いますが、それは大きな勘違いです。

そんなふうに言われる側の保護者を代表して、私からお返事を。

「そんなことがあるわけない！　もしそんなふうに見えるなら、『そうなるまで保護

者がずっとサポートしてきた』からだから！」

私がこれまで30年近く中学生の家庭を見てきたなかで、本当に子どもが勝手に勉強に取り組んでいた家庭は5組もいません。

多かれ少なかれ保護者は皆、子どもの学習サポートに取り組んでいます。

この事実を噛みしめ、学習サポートについてここから見ていくことにしましょう。

学習サポートの実情は表に出にくい

そもそも、各家庭で行われている中学生への学習サポートの詳細情報というのは、なかなか外に出てこないものです。

だから実情がわからず、先ほどのような勘違いをしたセリフが生まれてしまうことになるのでしょう。

では、なぜ家庭外に出てこないのでしょうか？

それは、**「中学生にもなって保護者が勉強に口出しをするのは過保護だ」**というような固定観念があるからではないかと私は考えています。

子どもの心身の成長具合によって、どこまで保護者がサポートをするかは千差万別のはずなのに、この固定観念が邪魔をして学習サポートの情報が共有しづらくなっているのではないかと想像するのです。

たとえるならば、**「各家庭のお金の話」**くらいデリケートな話題ではないかと思っています。

日本では昭和の時代からずっと、「お金の話をするのは、はしたない」というような固定観念がありますよね。

だから、どのように資産運用をしているかなどという会話は、あまりママ友同士ですることは少ないのではないかと思うのです。

これと同じくらいのデリケートさで家庭内の学習サポートの話題についても扱われているのでしょう。

本当はしっかりサポートをしていても、**「うちはほぼ子どもに任せているわよ」**などとごまかしてみたり、逆にサポートの仕方を教えてもらいたくても、**「あまり根ほり葉ほり聞くのは嫌がられるかしら」**などと遠慮をしてしまったり……。

こんな思惑が働いて、学習サポートの実情は今まで明らかになることが少なかったというのが私の考えです。

「過保護」の呪縛から解放されよう

このように、なかなか相談しづらい中学生の学習サポート――。

これを公にして大々的にお伝えしていくのが本書です。

私の30年近くの指導経験と、多くの先輩たちの家庭の例を参考にさせてもらいながら、中学生への学習サポートについてじっくりと知ってもらいます。

そして、家庭で再現できそうな方法を余すところなくお伝えしていきます。

もう、先にお話ししたような固定観念は手放しましょう。

「それは過保護よ」などというママ友のセリフに縮こまることなく、わが子が許してくれるうちは、濃厚な学習サポートを大いにしていくべきなのです。

わが子に合ったサポートを、わが子と相談しながら取り組んでいきましょう。

3

勉強に関する親と子の関係は4タイプに分けられる

お互いの考えはどうなっている？

さて、ここから学習サポートについてお話ししていくわけですが、ご自身の家庭の親子関係を振り返って不安に思っていませんでしょうか？

「はたしてこの本に書いてある学習サポートは、私たち親子にも当てはめて実行することができるだろうか？」と。

たしかに、各家庭で学習サポートをするうえでの状況は千差万別です。

親が子どもと協力したいか、自立してやってほしいと思っているか？

そして子どもが親と協力したいか、自立してやりたいと思っているか？

お互いの考えによって関係性とサポートの形が変わってきますよね。

もちろん、親子が協力できる関係性であれば取り組めることは限りなくありますが、**どんな親子の関係性であってもできるサポート**はありますから、ご安心ください。

成績上位5％の家庭140名に聞いた
勉強に関する親子のスタンスの分布

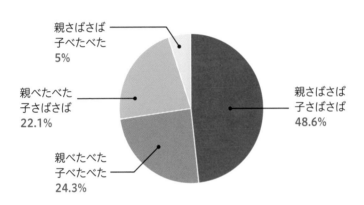

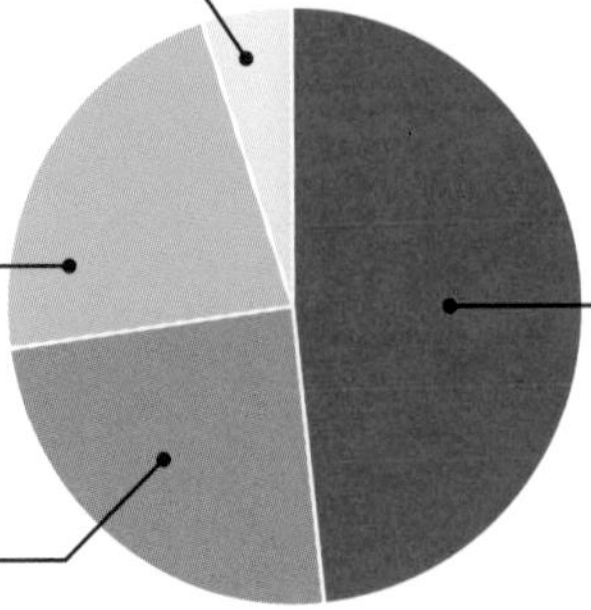

成績上位5％の家庭の親子関係は？

ここで、成績上位5％に入る家庭の親子関係を聞いたアンケート結果を紹介します。上図をご覧ください。

積極的に協力したい姿勢を「べたべた」、自立して取り組みたい姿勢を「さばさば」と表現し、親子それぞれの姿勢の組み合わせで4通り表現してみました。

まずは、ご自身の家庭の親子関係はどこに当てはまるかをイメージしてみてください。

そして次に、成績上位5％の家庭の結果をじっくりと見てください。

「親さばさば子さばさば」の親子が約半数を占めました。

親子ともにさばさばとしていて、自立した形をつくっていますね。

これを多いと思うか少ないと思うか。

一昔前ならば、こんな関係性の親子がもっと多かったのではないかと想像しています。そして、そうあるべきだという同調圧力も強くあったかなと。

注目すべきはグラフの左下、**「親べたべた子べたべた」**の家庭です。

親子ともに協力しようという合意をもって、勉強に一緒に取り組む家庭が約25％もいます。じつに４分の１もの割合！

この事実に私は驚きました。これは大人と子どもとの関係性が時代とともに変わっていったからなのか、成績上位５％の家庭だからこその多さなのか。

「これほど多くの家庭が親子で協力して取り組んでいるならば、この親子が協力して勉強に取り組む具体的な方法をもっと伝えていきたい！」と思わされました。

この事実をしっかりと受け止めて、子どもと協力が可能なうちは親子２人で協力して、大きな力を出すことを目指したいですね。

その他、親と子のスタンスが「べたべた」と「さばさば」で違う親子が約25％。

学習サポートの親子関係は4タイプ！

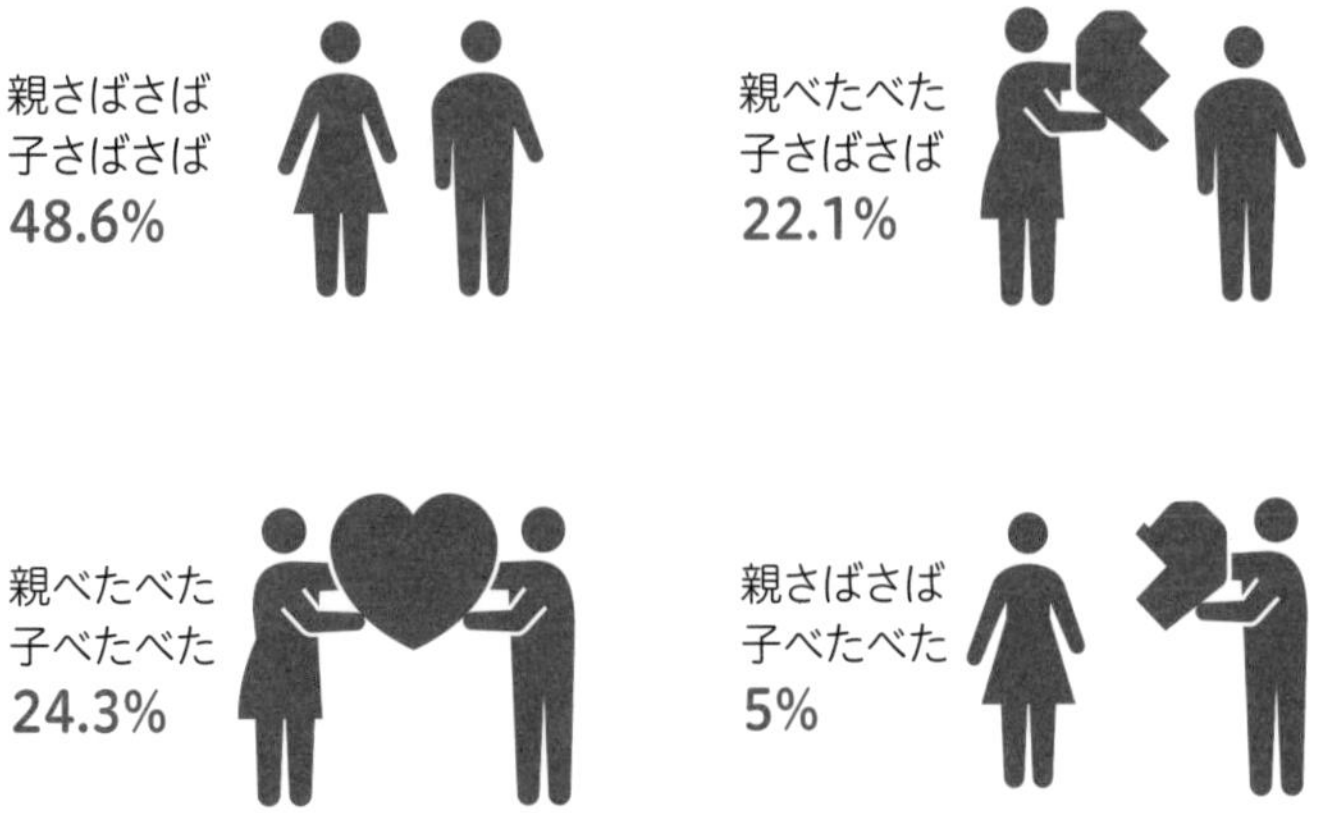

内訳としては「親べたべた子さばさば」が22・1％、「親さばさば子べたべた」が5％でした。

やはり親よりも子のほうが先に自立していくという傾向がここで見てとれます。

これらは最終地点である「親さばさば子さばさば」を目指す過渡期の関係性で、スタンスが違うので一番親子で衝突しやすいかもしれません。気をつけて関わってほしいですね。

さて、この実情を見たうえで各家庭にお勧めしたいのは、**「親子での勉強スタンス会議」**の開催です。

「中学に入ってから親子でどう勉強に取り組んでいくか」について、親と子のスタンスについて確認するのです。

「親さばさば子さばさば」、もしくは「親べたべた子べたべた」といった形で、親子のスタンスが揃っていたら話が早いですよね。

「この方針でいこう」と合意して、具体的に関わり方を確認できるといいでしょう。

問題は、**「親と子でスタンスが割れているとき」**です。

この本を読んでいただいている保護者の家庭でスタンスが割れる場合は、「親べたべた子さばさば」という展開が多いかと思います。

なにせこの本を手にとって読んでくれているくらいですから、積極的に子どもの応援をしてあげたいと考えているでしょうからね。

まずは、「べたべた」か「さばさば」に揃えられるように、話し合いをしてみましょう。

話し合いで解決できないときは、子どものスタンスを尊重しながら、対話をしながらサポートを進めてください。基本的には表面上だけでも保護者が子どものスタンスに合わせてあげるほうがスムーズかと思います。

ここで、親子関係の４種類で、**「それぞれこんなふうに接してもらえるといいな」**と私が考えていることを見ていくことにしましょう。

「親子ともにべたべた」というスタンスであれば、この本に書いてあることをしっかりと参考にしてもらって、やれることを片っ端から試してみるといいでしょう。それが可能な親子関係です。

「親子ともにさばさば」であれば、協力できる場面は限定的ですが、親としてソロでやれることに取り組む活動を中心にやるといいでしょう。

もちろん、このソロ活動での内容も本書で紹介していきます。

「親べたべた子さばさば」であれば、子どもの意思を尊重しながら、サポートを申し出たり、ソロ活動を実行したりするといいでしょう。

「親さばさば子べたべた」であれば、子どもが自分１人で取り組めるようになる日を目指して、その思いを共有して、しばらくは「親べたべた」に親がスタンスを変えて手厚くサポートしてあげられるといいでしょう。

4

目指すスタンスは「目は離さず手は出さず」

「さばさば路線」でいくならショップ店員の振る舞いで！

前の項目でお話ししたように、親子の関係性はさまざまではありますが、最終的に全家庭が目指すべき親子のスタンスは**「親さばさば子さばさば」**です。

いつまでも親が子を助けられるわけではありませんから、親子お互いそれを踏まえて、自立するその日までにあらゆることを1人でやれるように促していく必要がありますし、そこがゴールでもあります。

とはいえ、急に親が手を放して「すべて自分で考えて自由にやりなさい」というのも乱暴な話。「放任主義」と「ほったらかし」は全くの別物です。

よって、子どもが完全に自立するまでの間、保護者が目指すべきは「親さばさば」のスタンスをとりながら、**中学生への学習サポートの最大のコツである「目は離さず手は出さず」という距離感で見守ることです**。

目は離さず手は出さず！

親は自分でやってみろって言うし、
考えてテスト勉強してみるかな。

これは、さばさばした素振りをしながらも、じつはわが子の一挙手一投足をきちんと見ている、ということです。

よほどのことがないかぎり、手伝いたい場面もグッと我慢をして手を出しません。

この素振りについてのお手本として私がよく話すのは、**「やり手のショップ店員」**です。お客の素振りをよく見て気持ちに寄り添って、服をバンバン売るような店員ですね。

こういう店員は、素知らぬ素振りで近くで服をたたんでいます。そして、いざ何か店員の助けがほしいなと、目線を上げたくらいのタイミングで、すでに真横にいます。

この立ち回りをお手本にしましょう。

「別にあなたのこと気にしてないわよ。私は

自分のことをしているだけ」と、近くで家事をしたりしながらも、じつは意識は子どもに全集中。必要なときにサッと手を差し伸べることができるように、手助けのスタンバイをしておくのです。

これが「目は離さず手は出さず」という関わり方です。目を離さず見ていますから、どうしても手を出したくなるので、口で言うほど簡単ではありませんが、この言葉と振る舞いを目指して実践してみてください。

◎「べたべた路線」でいけるなら、どんどん手を出そう

さて、子どもにまだ思春期も反抗期も来ていない場合や、親子で協力できる「親べたべた子べたべた」の関係であるならば、必要に応じて手を出して、しっかりとわが子をサポートしてあげましょう。

最終的に自立を目指す過程での親子協力体制は、せっかくなので利用したほうがいいというのが私の考えです。

実際、子ども４人を全員、東大理科Ⅲ類に進学させたことで有名な教育評論家の佐藤亮子さんは、子どもたちの大学入試までサポートをしていたようです。心強いお手

本ですね。

ただし、親子が協力して取り組む際に気をつけてほしいことがあります。

それは、次の2点です。

①「親さばさば子さばさば」を目指す過程での協力であるという認識をもつ

②お互いに依存し合ってしまう「共依存」の状態にならないよう気をつける

親子で協力して勉強に取り組めるのは貴重で素敵なことですが、いずれは子ども1人でものごとに取り組まなくてはいけない日が来ますから、ここを目指すという親子の共通認識が必要です。

こういう認識が欠けてしまうと、親に頼ること、あるいは子に頼られることに依存してしまう状態に陥ることもあるでしょう。この状態を避けていきたいのです。

この2点にだけ充分注意をして、親子でガッチリ協力をして勉強に取り組めるといいですね。

いずれにしても、いつまでもわが子をサポートできる家庭はほとんどありません。

子どもの反抗期が始まるまでの**「期間限定ユニット」**としての学習サポートを楽しんでください。

5

そもそも学習サポートはだれのためにするの？

この自覚があるかどうかで結果は大きく変わる

ここで、これからお伝えしていく学習サポートについて、取り組む保護者にはどんな心持ちでいていただきたいかをお話しさせてください。

学習サポートはわが子のために取り組むものではありますが、この**「子どものため」という言葉は心にとどめて、子どもには直接伝えないことが大切**です。

率直に言うと、その思いは子どもにとっては重いですよね。反抗期真っ只中の子どもなら、きっとこう言うでしょう。「頼んでねーよ！」などと。

「子どものため」はたしかに本当なのでしょうが、その気持ちが動機の１００％ではないと思うのです。

たとえば塾で指導する私の場合、「子どものために」とともに「成績を上げることで対価をいただいて生活をしているから」は、やはり心のなかに存在しています。

それと同様、きっとあなたにも**「子どものため」の横に、違う思いも存在している**はずなのです。

それはたとえば、「（子どもがうまくいかないと）私が不快だから」「私が子どもを上手に導く親になりたいから」「私が子どもとともに、いい形で成長したいから」という、**「私が」**が最初につく思いですよね。

どれも**「自分のため」**です。こんな「自分のため」の思いが存在していることを自覚して、必要であればこの思いこそを子どもに伝えてあげるのです。

こんな「自分のため」の気持ちがあることを認めずに、あくまで「子どものため」というアプローチで叱ったりすると、ドラマで見たような親子大喧嘩になるわけです。「頼んでねーよ！　自己満のためにやってるくせに！　放っておいてよ！」と。

ここでお伝えした内容は、これまで私が見てきた家庭と、お会いした保護者に伺ってわかってきたことです。

どうか努めて客観的に、「子どものため」「自分のため」に学習サポートをしていってください。

6

この本の全体像を確認しておこう

各章の内容はこうなっている

ここまでのところでは、これからお話しする学習サポートについて伝わりがよくなるようにと、最初の大前提をお伝えしてきました。

これを踏まえて、ここから具体的なサポートの内容に入っていきます。読み進めるときにストレスのないよう、全体像を先にお伝えしておきますね。

まずは第1章で**「成績トップの子の親の共通点」**を140名のアンケート結果に沿って明らかにしていきます。成績上位者に絞ってこれだけの人数に協力してもらったアンケートは本当に貴重です。

この140名の方々を、あなたのママ友だと思って参考にさせてもらいましょう。

第2章は**「学年ごとのサポートの山場」**を示し、3年間の流れと各学年の山場を感

この本の全体像はこうなっている！

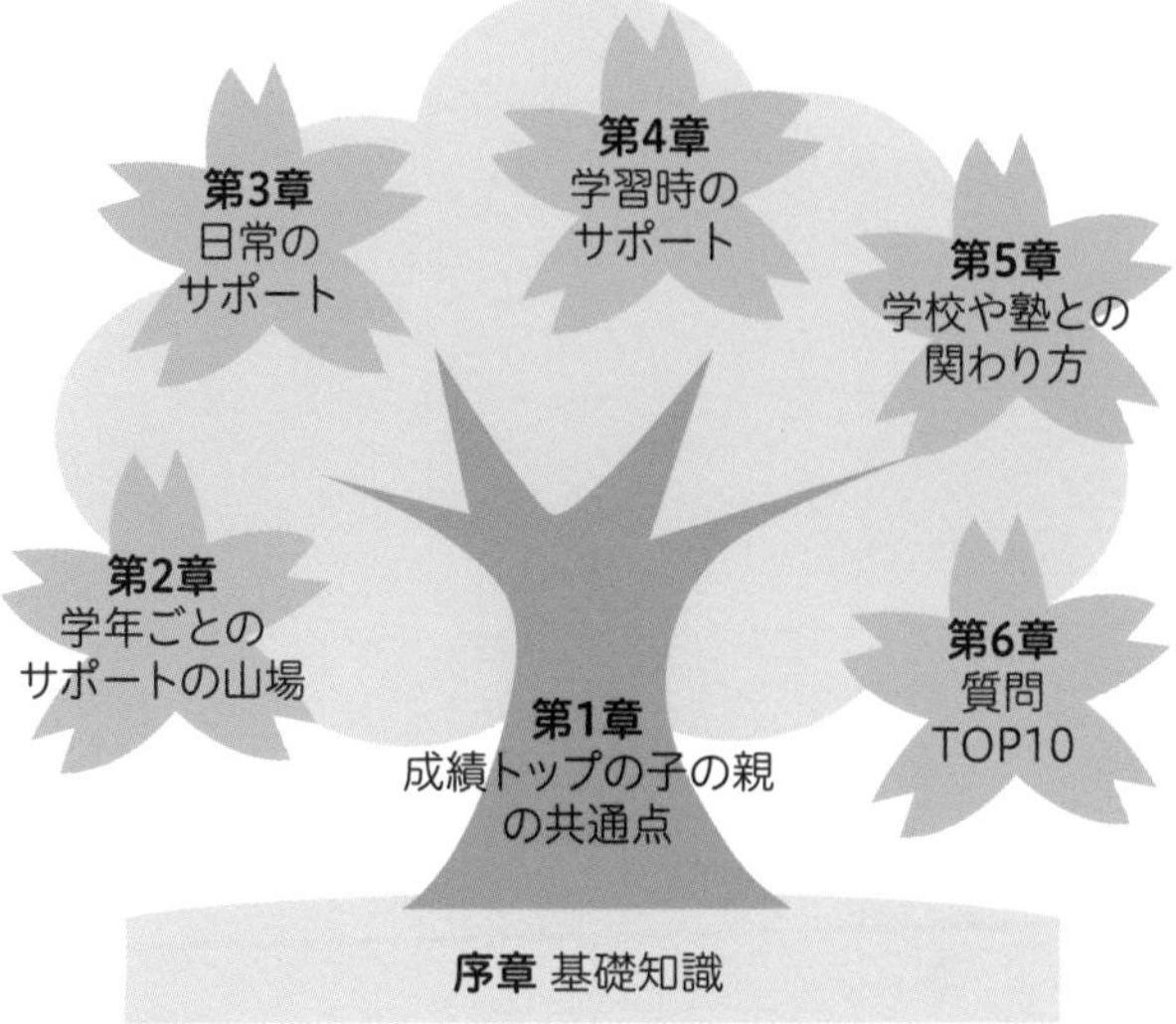

じてもらいます。

中学に入学してから卒業するまでの心づもりができるようになるでしょう。

第3章では**「日常」**について、第4章では**「学習時」「サポート」**を、それぞれ具体的なについて、書いています。

私の指導経験、そしてアンケートの結果から、多面的に説明するので、楽しみにしていてください。

第5章は**「学校や塾との関わり方」**について、保護者の立場でじっくり書いています。

第6章は、この本の内容を中心に、**「よくある質問」**を集めてお答えしています。

なお、第6章の質問項目を目次で見てドキッとした項目があれば、第6章から読んでしまうのもお勧めです。

先にモヤモヤを解消したほうがいい場合もありますからね。

読み進める際の参考にしてください。

第1章

ズバリ、成績トップの子の親には共通点があった！

私は長年、中学生の学習指導をしてきました。働き始めてからは25年、学生のときのバイト時代も含めると30年近くになります。

現場でこれだけ長く指導していると、おのずといろいろ見えてきます。「勉強が得意な子の特徴」「勉強が苦手な子の特徴」。さらには「勉強が得意な子の親の特徴」「勉強が苦手な子の親の特徴」……。

この章では、私が長年見てきた経験から感じている、「勉強が得意な子の親の特徴」についてお伝えしていきます。

私の意見がただの思い込みではないことの証として、成績上位5％の家庭のアンケート結果も交えながら見ていきます。

ぜひ、じっくりと読んでいただければと思います。

1

成績トップの子の親はわが子に何をしているのか？

2000組以上の親子を見てきて気づいたこと

「どのように接したら、○○君のように自主的に勉強に取り組めるようになっていきますか？　お母さまの思い当たるところを教えてほしいです」

保護者は子どもの相談で来ているのにもかかわらず、私は自塾で面談をしているときに、我慢できなくなってこんなふうに質問をしてしまうことがあります。

私は学習指導現場で30年近く、２０００組以上の親子を見てきて学習指導のコツを身につけていますが、成績上位の保護者はわが子の子育ての経験1、2回でしっかりと成果を出しているのです。その確率たるや、すごいですよね。全くかないません。

多くの保護者を見てきて、ときには直接質問をして、成績上位の家庭の保護者には、やはり共通点があるということがわかりました。

ここでは、その共通点について紹介します。

◎成績上位5％の家庭140名へのアンケートで実証！

これからお伝えしていく「共通点」が私の独りよがりではいけませんから、実際に成績上位の家庭にもあらためて確認しようと、アンケートをとることにしました。

私のブログで、成績上位5％の家庭に限定してアンケートをとってみたのです。「はじめに」でもお伝えしたように、当初は「20名くらい集まればいいなぁ」と思っていたのですが、その予想をはるかに超えて、じつに140名もの保護者に協力を申し出ていただけることに。**「学年順位上位5％」**、もしくは**「模試の偏差値65以上」**の中学生（と元中学生）の保護者という条件での募集で、これだけ集まったのです。

愛知の旭丘とか神奈川の横浜翠嵐とか県内最上位の高校に進学した子、東大や阪大に進学した子、はたまた国公立大の医学部に進学した子もいましたね。証拠として、偏差値70を超える模試結果がどんどん届いて驚きました。

それが140名ということですから、成績トップの子の親が1学年分も味方についたと思っていいでしょう。

実施したアンケート項目については、私が成績トップの家庭の共通点だろうと考えた内容をベースにつくっていきました。

アンケート結果が出揃い、そのすべてに目を通した後の私の感想は、**「やっぱり私が考えていた通りだった」**というものです。

その重要度の大きさの違いは多少ありながらも、私がこれまでの経験で感じていた共通点には間違いがなかったのです。

そこで、次の項目以降では成績トップの家庭の共通点について、**保護者アンケートで同意を得ることができた割合順**でお伝えしていきます。

どの項目も重要なことは感じてもらえると思いますが、アンケートでわかった各項目の同意の割合こそが貴重ではないかと考えたからです。

後の章でじっくり説明する内容はサラッと、ここでしか紹介しない内容はじっくりと、紹介していきます。

まずは、次のページのアンケート結果をご覧ください。

「複数選択可」で、勉強が得意な子の家庭に多いのではないかと思うものを選んでもらいました。

その結果を、ここからじっくりと見ていきます。

勉強が得意な子の家庭に多いのではないかと思うものを すべて選択してください（複数選択可）

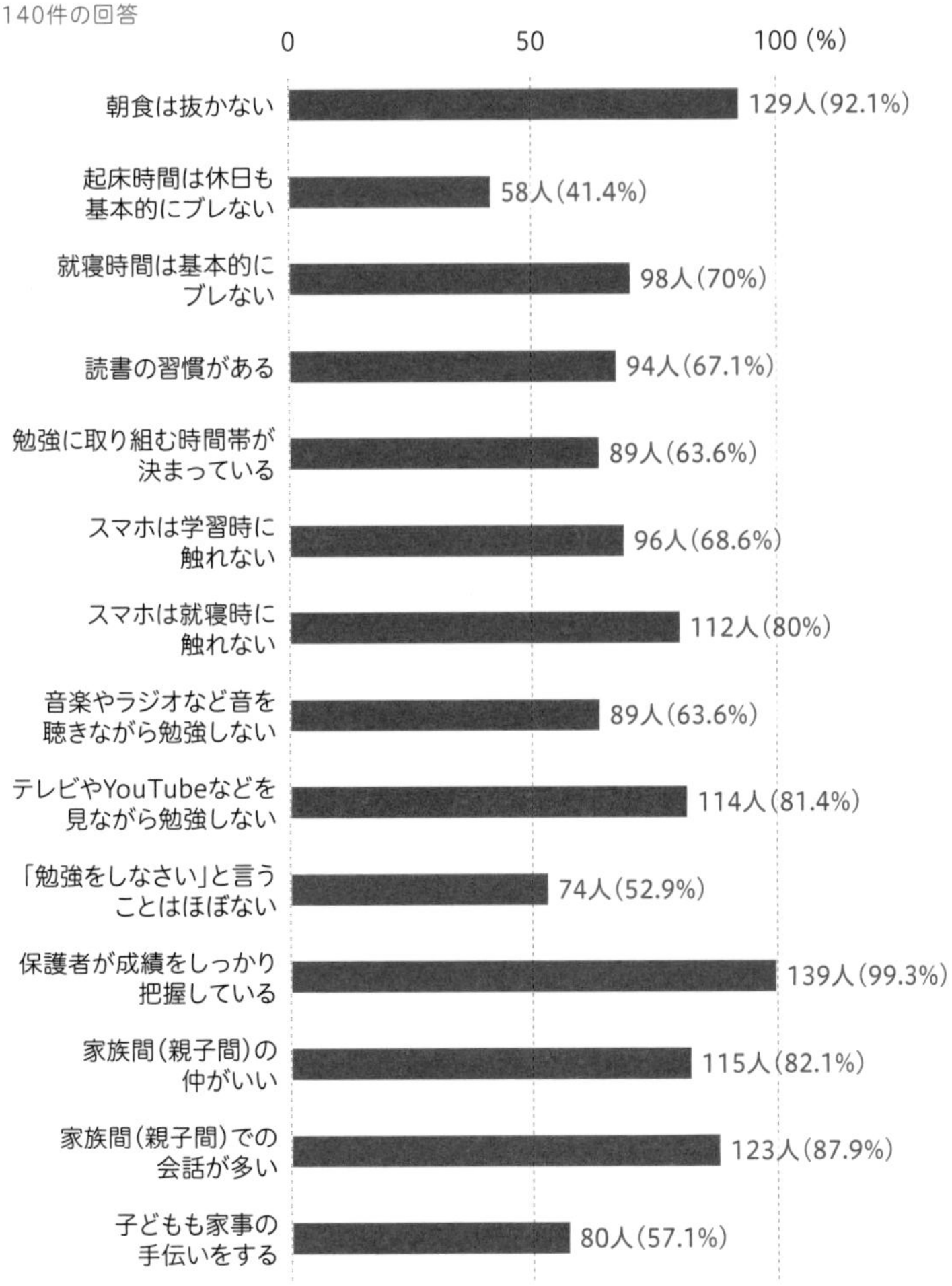

2

成績上位5%の家庭の共通点——第1位〜第3位

●第1位：保護者が成績をしっかり把握している

アンケートでの同意率99・3％。140名中139名が同意しています。アンケートでダントツ1位の結果です。

高い同意率であった理由は、親子関係の具合に左右されない、すべての家庭に共通しやすい内容だからでしょう。

塾に親子で初めて来たときの新規面談時、保護者が子どもの成績をよく把握していることがわかったときというのは、私にとっても「ラッキー！」と思う瞬間です。

なぜなら、それはそれだけ子どものことをよく見ていて、**「成績をよりよくしてあげたい」という保護者の気持ちの表れ**でもあると思うからです。そして、そうであれば入塾後には塾での指導であったり、家庭での学習であったりといったことで、保護者と協力ができそうだなと思うのです。

朝食は抜かないこと！

今回は「成績上位5％の家庭の共通点」というくくりですが、**「成績が伸びる家庭の共通点」**というくくりに変えても、この項目が1位になるでしょう。

具体的には後述しますが、少なからず**通知表や点数など数値で表せる成績は把握して、見守ってあげる**ことをお勧めします。

地味ですが、とても大切な共通点です。

第2位：朝食は抜かない

アンケートでの同意率は92・1％でした。

こちらも日常生活のシンプルな内容です。

成績上位の家庭というのは、日常生活が整っています。その一端を示す結果ですね。

文部科学省の「全国学力・学習状況調

査」によると、2022年の調査で中学生が「朝食を食べている」と答えた割合は79・9%でした。

全国的には8割を切るなか、成績上位5%の家庭がこれだけ高い割合で朝食を食べているというのは、押さえておくべき事実です。

脳のエネルギー源はブドウ糖と言われます。ブドウ糖はご飯やパンで摂取できますから、**「朝に脳のエネルギー源をチャージして過ごすということが勉強を頑張るうえで重要になる」「朝食を抜いてしまうと勉強にかぎらず、すべての活動のパフォーマンスに関わってくる」**ということをよく知っているのです。

生徒たちと話していても、勉強が得意な子からは「寝坊して急いで家を出たから、今日は朝ごはんを食べられなかった」というセリフは過去30年近くの指導場面で聞いたことがありません。

子どもに「朝食いらない」という選択肢をつくらせてはいけません。「朝食はこれだけ重要だから、わが家では『いらない』はないよ」と伝え、「もしそうしたかったら、夕食も親の気分で『つくらない』けどいい？」と迫ってあげてください。

第3位：家族間（親子間）での会話が多い

アンケートでの同意率は87・9％です。似た内容であったので順位には入れていませんが、じつは「家族間（親子間）の仲がいい」という項目があって、こちらも同意率は82・1％で、この数値は実質的には4位です。

これらの項目は家族1人ひとりの性格も関わってくるので、「家族間での会話が多く仲がいい」という内容が高い数値を出したのは、少し驚きでした。

とはいえ、これは家族にかぎらず、いろいろな「集団」にも共通すると思うのですが、**メンバーの仲がよく会話が活発である集団は、総じて成果を出しやすい**ですよね。

私の塾でも、これを感じています。講師と生徒の仲がよく、きちんとコミュニケーションがとれている指導ペアは総じて成績を上げやすいです。理由は単純で、**「意思の疎通が円滑にとれているから」**であると私は感じています。

子どもが反抗期の真っ只中だったりする場合は、小学生だった頃と比べて会話量は減っているかもしれません。

しかし、そんなときでも、めげずに子どもに話しかけてあげてほしいと思います。

よくコミュニケーションをとって、子どものことを正しく把握して、サポートしてあげることができたらいいですよね（朝食時に家族で成績について話せば、第1位〜第3位の内容をすべて実行できます）。

以上が共通点のベスト3でした。

「家族間での会話」については、他の家族も関わる部分なので、すぐに実践とはいかないかもしれませんが、第1位の「子どもの成績の把握」はあなた1人だけの活動なので、今日からできますよね。

さっそく、実践してみましょう。

また、第2位の朝食についても、今後は「朝食を食べない」という選択肢が消滅したことを、この本を見せながらお子さんに告知してあげてください。

3

成績上位5％の家庭の共通点——第4位～第6位

第4位：テレビやYouTubeなどを見ながら勉強しない

アンケートでの同意率は81・4％でした。もっと同意率が高くてもいいはずだと思ったのですが、そうならなかった理由は学習関係のYouTube動画で勉強している子の家庭が同意しなかったからではないかと想像しています。

そういった家庭が抜けたことを思えば、とても高い数値とも言えます。

「音楽を聴きながら」の勉強は聴覚だけを使うので手は止まりませんが、「映像を見ながら」の勉強は視覚を奪われるので、必然的にペンをもつ手が止まりますよね。

学習動画だけは別ですが、成績上位の家庭ではその他の映像はすべて、見ながらの勉強は許されていないということでしょう。

また、この結果から言えることとしては、**「リビングでの学習時にはテレビがついているという状況がない」**ということです。

もしもリビングでの学習時にテレビがついているような家庭は、ぜひこの結果を踏まえて、すぐにルールを決めてください。

リビング学習をする時間帯を決めるとか、その時間は家族はワイヤレスヘッドホンでテレビを見るようにするとか、勉強する子と家族の共存を目指しましょう。

第5位：スマホは就寝時に触れない

アンケートでの同意率は80・0％。高い数値が出ています。

その理由は、成績上位の家庭は体調を万全にして毎日を過ごすことの大きな力をご存知だからでしょう。

スマホは好奇心を刺激するコンテンツが無限に湧き出る泉です。

そんなデバイスを枕元に置いておけば子どもがどうなるかは、おわかりいただけますよね。

「いや、それは決して大げさじゃないですよね」

と思ってくれる家庭が80％いるのだと、このアンケート結果を捉えてください。

ぜひ、寝室にはスマホをもち込めないようなルールの設定をお勧めします。

かくいう私自身、好奇心がとても強く、熱中したら時間を忘れて睡眠時間を削ってしまうタイプなので、この項目はとくに大切だと感じています。

もちろん、世の中には「こよなく睡眠を愛していて、スマホが枕元にあってもすぐに寝る子」とか、「睡眠の大切さを知っていて、スマホを起床のアラームのためだけに使っている子」とかも存在するのでしょう。

「そこまでスマホの規制をしなくても、うちは大丈夫ですけど？」

という家庭が残りの2割なのではないかと私は思っています。

さて、お子さんの性格を考えてみてください。

いかがでしょう？

就寝時のスマホ制限が必要な8割に入るでしょうか？

それとも制限が必要ではない2割でしょうか？

もしも私のように、**好奇心が強く熱中して時間を忘れてしまうような子であれば、必ず制限してあげてください。**それが親としての優しさでもあるのです。

また、制限が必要ではなさそうでも、基本的には**睡眠を妨げる可能性があるものはゼロにして寝かせてあげる**ことが、やはり子どもに対する優しさなのではないかと私は思います。

せめて中学の間だけでも、スマホなど睡眠を妨げるものを寝室にもち込まないというルールの設定をお勧めします。

●第6位：就寝時間は基本的にブレない

アンケートでの同意率は70・0％でしたね。

先ほどと同じく睡眠時間に関わる部分です。

この項目の同意率が高い理由も、もちろん先ほどと同じで、とても大切です。

繰り返しますね。

その理由は、成績上位の家庭は体調を万全にして毎日を過ごすことの大きな力をご存知だからでしょう。

偉そうに話していますが、私自身がこのことを実感したのは大人になってからです。

子どもの頃というのは、自分の体力を過信するもの。

そして、「睡眠不足でもいつもと同じように生活できる俺ってすごいでしょ？」というくらいの勘違いをしがちです。

体調を万全にして毎日を過ごすことで得られる大きな力！

当時の自分を正座させて小一時間説教をしてやりたいくらいです。

「そんなことをしているから、中学のときにたいして勉強ができなかったんだぞ！　わかってるか？」と。

成績上位の家庭は保護者の絶大な力が働いて、決して就寝時間がブレません。

就寝時間までに宿題ができていないことがあっても、「朝やりなさい」と寝かしてしまいます。

また、就寝時間が来たならば、有無を言わさず消灯してしまいます。

これについては、また第3章で詳しくお伝えします。

4

成績上位5%の家庭の共通点——第7位～第9位

第7位：スマホは学習時に触れない

アンケート同意率は68・6%でした。この項目の同意率がこれくらいで留まったのは、先ほどの「YouTubeを見ながら勉強しない」と同じ理由がありますね。学習動画の利用や、辞書代わりだったり、調べ物をしたりとか、インターネットを学習に利用している層が約3割いるということではないかと思います。

ICT（情報通信技術）を利用した教育が進められているなか、**まだまだ学習時にはスマホに触れないようにしている家庭のほうが多数派**です。

スマホは学習時に正しく使えば大きな力を発揮して「薬」として機能しますが、横道にそれてしまってゲームアプリやYouTubeを開いてしまえば、あっという間に遊ぶための「毒」に化けてしまいます。

子どもがうまく使えるようになるまでは、親がコントロールをしてあげましょう。

よけいなアプリをいっさい入れていない家庭用のタブレットを用意して、学習時に使わせるという家庭もあるようです。参考にしてください。

第8位：読書の習慣がある

同意率は67・1％です。「もっとあるかな？」というのが正直な感想です。

なぜなら、読書をすることで**「語彙力」「読解力」「背景知識」**が高まるからです。

これを勉強という枠ではなく、自分の興味ある分野で自ら取り組めるようになったら、大きな国語の力になるだろうなと常々思っています。

私自身を振り返ると、学生時代は国語が苦手でした。読書の習慣もありませんでした。それが大人になり、本を読むようになり、塾で指導をするようになって再び国語の問題を解いてみたのですが、今はスムーズに解けるのです。

学生時代との違いは、まさに「語彙力」「読解力」「背景知識」です。

そう、読書が私の国語力を高めてくれたのです。

読書の習慣は国語に効きますし、国語力は全教科に波及する力です。

ぜひ図書館なども利用しながら、本に親しむ活動を応援してあげてください。

◎第9位：勉強に取り組む時間帯が決まっている

アンケート同意率は63・6％。1日の流れで食事やお風呂の時間などが大まかに決まっているように、勉強に取り組む時間帯も日々決まっているということです。

当然、就寝時間もブレません。**生活のリズムが毎日正しく刻まれている**わけです。学校行事があってリズムが崩れそうなときでも、保護者がこのリズムを保つ役割を担っているのでしょう。

「成績上位の子は修学旅行から帰ってきた日や体育大会の日であっても塾を休むことがない」というのは〝塾あるある〟です。

「今日は疲れたから塾を休みたい」などという直訴を子どもから受けているはずですが、「疲れたからといって晩ご飯やお風呂を休む？　晩ご飯やお風呂のように塾にも行くこと」と言ってくれているのではないかと想像しています。

ぜひ子どもの生活のリズムをキープしてあげてください。

◎第9位：音楽やラジオなど音を聴きながら勉強しない

アンケート同意率は先ほどと同じ63・6％。

この勉強は意見が分かれる部分もあるので、そこまで高く出ないだろうとは予想しながらも、どれくらいの割合かを知りたくてつくった項目です。

先ほど第4位で紹介した「テレビやＹｏｕＴｕｂｅなどを見ながら勉強しない」は81・4％でしたから、同じ「ながら勉強」でもこれだけの差があるということですね。

その理由としては、**音楽を雑音と捉えて勉強に集中することができる子が4割ほどいる**ということではないかと思っています。無音であることが逆に集中を削ぐため、適度な雑音があったほうがいいというのは実際にあるようです。

成績上位5％の子でも音楽を聴きながらの勉強は半数以下だという事実を受け止めつつ、学習時の音については探り探り試してください。

無音が嫌だと言うならば、**環境音か歌詞のない音楽**の許可を出して様子を見てみることをお勧めしておきます。

勉強への気持ちが薄い子は音楽の世界に引っ張られることが多いので、基本的に私はこの「ながら勉強」には反対の立場をとっています。

5

もうすぐTOP10入りの3つの共通点

子どもも家事の手伝いをする

ここまでに見てきたのが成績上位5％の家庭の共通点TOP10です。10位までには入らなかった他の項目も参考になるので、解説とともに紹介しておきますね。

「子どもも家事の手伝いをする」という項目のアンケート同意率は57・1％です。

これは正直なところ私の実感というよりも、巷《ちまた》で言われる大切なことなので、どれくらいの割合なのかを知りたくて聞きましたが、何とも言い難い数値になりました。

家事の手伝いに関しての家庭の考え方はさまざまありますからね。

「家族の一員なんだから、家事も取り組んで協力しながら勉強しなさい」という家庭もあることでしょう。そう言われれば「たしかに！」と膝を打ちます。

一方で、「家事をするくらいなら勉強したらいい。働くようになってから返してくれればいい」という家庭もあるでしょう。こちらにも私は膝を打ってしまいます。

「家事の手伝いは家庭によってさまざまだった」というこの結果を受け止め、今まで通りの家庭方針に沿えばいいと思います。

「勉強しなさい」と言うことはほぼない

アンケート同意率は52・9％です。これが面白い結果でしたね。

「成績上位の子の家庭は『勉強しなさい！』なんてセリフを言わずに日々過ごせるんでしょ？　羨ましいわー」という思いが多くの方々にあったと思うのです。

私も同様に「やっぱりあまり言うことはないのかな？」と考えていましたが、この結果です。

半数は言わずに過ごすことに成功していますが、**残りの半数は「勉強しなさい」と子どもの背中を押してあげているのです**。

成績上位5％の家庭のアンケート結果で「テスト前にこっそりゲームで遊んでいたのが発覚して子どもに激怒しました」といった記述を見たときには、何だか嬉しくなりました。「やっぱり生まれつき優秀なんてことはあり得ないんだ」と。

そして感動しました。「やっぱり親子間での奮闘の末に上位の成績を勝ち取っているんだなぁ」と。

この結果で学んだのは、**生まれつき勉強が得意で、いつもやる気満々という特別な子などいない**ということ。

そして、**勉強の意義を感じて自ら取り組むようになるのは、上位の子でも半数だけ**ということです。

「勉強しなくていいの?」というセリフを言わずとも自主的に取り組めるようになるその日が来ることを信じて、勉強への気持ちが薄い子には声かけを続けてあげてください。

起床時間は休日も基本的にブレない

アンケート同意率は41・4%です。今回、掲載したアンケートのなかで、唯一50%を切った質問でしたね。

これは私の指導経験上、体感していたことだったので項目として加えてみましたが、さすがに半数を超えるまではいきませんでした。

それでも、4割の家庭は休日の起床時間が平日と同じということですよね。

この事実は、やはり知っておいてほしいです。

なぜ4割もの家庭が休日も起床時間がブレないのか？

3度目ですから、ご唱和いただけますよね。

その理由は、成績上位の家庭は体調を万全にして毎日を過ごすことの大きな力をご存知だからでしょう。

成績上位の子に休日の午前の様子を聞いたときに、**「平日と同じ時間に朝食の準備がされていて、家族で一緒に朝食を食べることになっている」**と言われたことがありました。それも何人も。

私自身は大学時代などは堕落して昼過ぎに起きたりしてしまうこともあったので、こういった生徒たちの話は本当に衝撃的でした。

「これが家庭の力だなぁ。育ちのよさってやつなのかなぁ」と。

休日であっても生活のリズムを崩さないという姿勢が素晴らしいですよね。

ここまで徹底して取り組める家庭は半数以下ですが、それに取り組んでいる家庭が成績上位5％の家庭の4割だというのも事実です。

よかったら、家族で挑戦してみてください。

6

成績上位5％の子の学習環境や使用教材はこうなっている

家庭学習の場所はどこが多い？

アンケートではその他、さまざまなことも併せて聞きました。

順に紹介していきましょう。

まずは「家庭学習の場所」について。結果は、次ページの円グラフの通りです。

時代を感じますね。おそらく20年前であれば中学生は自室という答えが多数を占めていたはずです。ときとともにリビングでの学習割合が増えてきて、半数を超えたという展開ではないかと思います。

ネットで見た他の調査では、中学生のリビング学習の割合はもっと高かったので、やはり**成績上位5％の子だからこそ自室での割合が高い**のだと想像しています。

今や小学生のうちはリビング学習で、保護者が様子を見ながら学習をするというスタンスが主流となってきていますよね。ここから継続してリビングで学習をするのか、

お子さんの家庭学習の場所はどこですか？

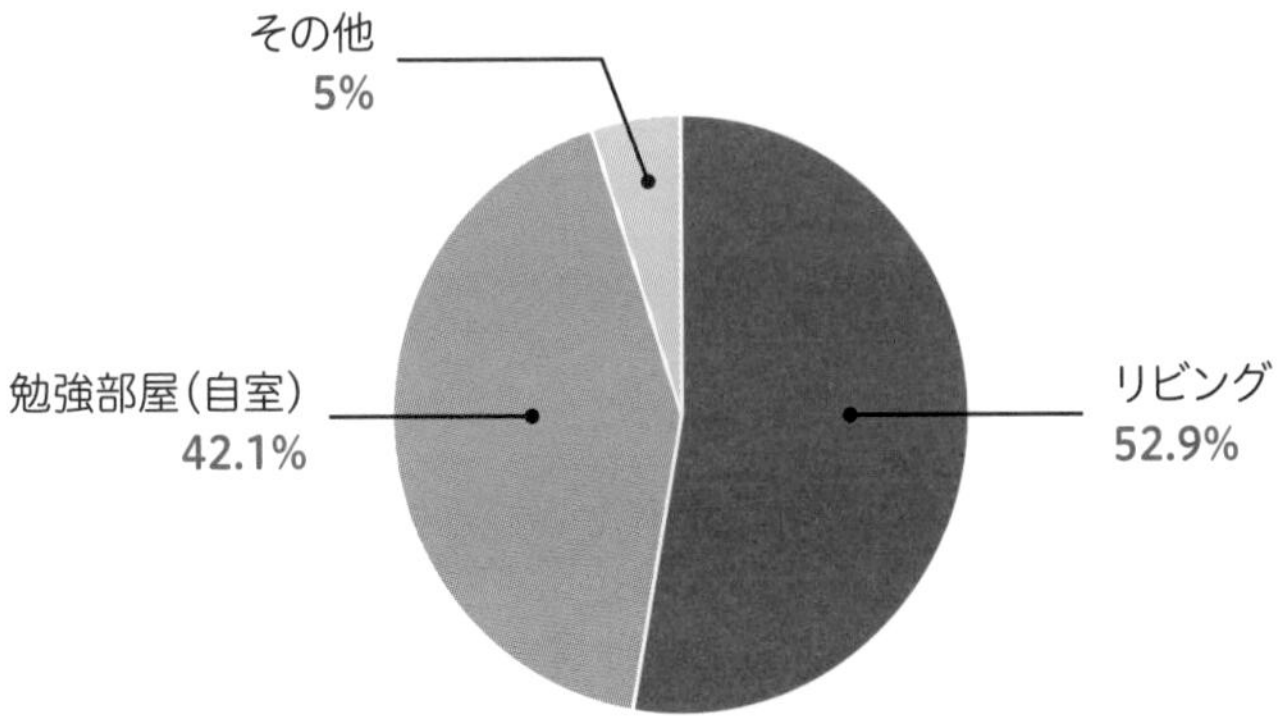

本人の希望で自室学習に切り替えるのか、という選択を迫られるときが来るでしょう。

学習時にテレビを消すなど家族の協力も得られるならば、中学入学後のしばらくは小学生から継続してリビング学習することをお勧めします。

そこから自室で勉強をするという流れになったならば、しっかりと**「学習時のルールの設定」**をしましょう。

スマホやゲームなどの勉強を妨げるものを部屋に入れないことです。

いずれにしても、自室は気が抜けやすいので、勉強への意欲が高まるまでは、やはりお勧めできないですね。

◎塾や通信教材は利用しているの？

成績上位5％の子たちがどれだけ民間教育を活用しているかを聞いてみました。

この結果も興味深いものでした。結果は次ページの通りです。

アンケートに参加いただいたのが愛知県を中心とする大都市を擁する都道府県の方が多かったこともあり、**「塾も通信教材も利用していない」という家庭はたった1割**でした。

「勉強に困っていなければ、原則として塾は必要ない」と私は考えていますが、「勉強に困っていなくても、成績上位の子たちはさらに学力を高めるべく、塾や通信教材をこんなに利用しているんだなぁ」というのが、この結果への私の感想です。

塾を利用している家庭が約75％で4分の3もの割合。

そして、通信教材を利用している家庭が約40％にも及んでいます（塾と通信教材を併用している家庭も含まれます）。

お住まいの都道府県にもよりますが、**「成績上位5％の子であっても、何かしら民間教育を利用している家庭が9割」**ということの結果を覚えておいてください。

塾や通信教材を利用していましたか？

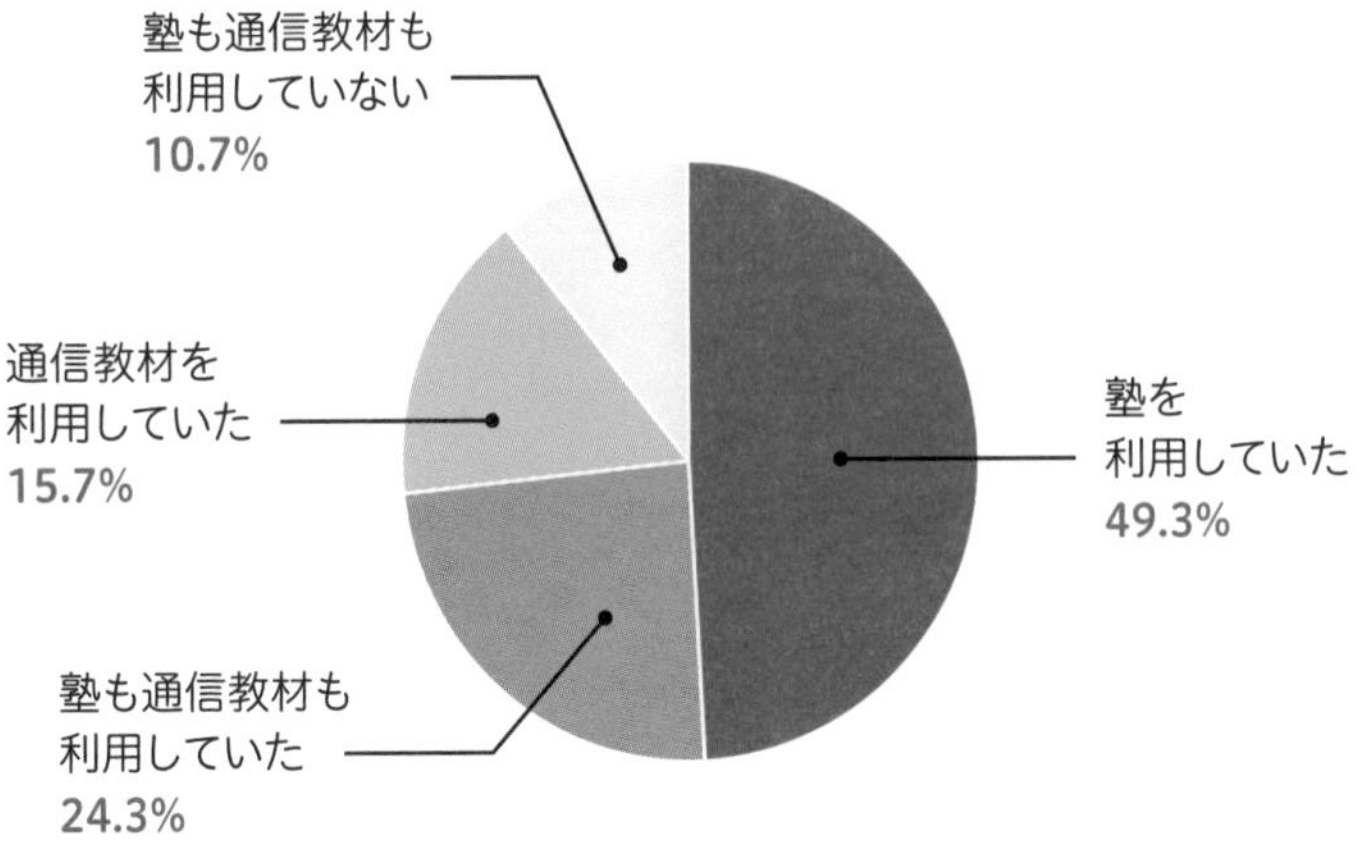

ちなみに、通信教材は**「国語の成績が4以上で意欲がある」**という基準、塾の集団指導塾は**「国語の成績が3以上で意欲がある」**という基準を満たすことが利用するうえでのお勧め条件です。

その理由は、紙面に書かれた内容や授業形式の一方的なレクチャーは、それをキャッチする能力と意欲が必要になるからです。

この条件に当てはまらないときには、個別指導塾や家庭教師など、先生との直接対話で指導される指導形態をお勧めします（塾の選び方は第5章で詳しくお伝えします）。

◎使っている教材は？

今度は勉強をする際に、学校教材以外に利用していた教材について聞いてみました。結果は、次ページの通りです。

まず注目すべきは**「学校教材以外は利用していない」**を選んだ人たちです。3・5％の割合です。上位5％の人たちのなかの3・5％ですから、単純計算で学校教材だけで学んでいる子は学年に1人いるかいないか程度と言ってもいいかもしれません。

そして、この結果からも**「だれもが基本的に何かしら追加で教材を用意している」**と解釈してよさそうですね。ぜひ追加の教材を検討して用意していきましょう。

塾に通う子は塾用の教材がありますから、ひとまずその教材を使用していけばいいですね。同じように通信教材を利用している子も、そのまま使用してください。

ちなみに、塾と通信教材を併用している家庭もありますが、その場合は、たとえば**「通信教材はテスト前の対策教材としてだけ取り組む」**という具合に、取り組む教材を選んで使用しているようです。併用の場合はとくに、届いた教材がもったいないからと、すべて使うことに固執しないことが大切だと思います。

日常の勉強のために学校教材以外に利用していた教材を教えてください

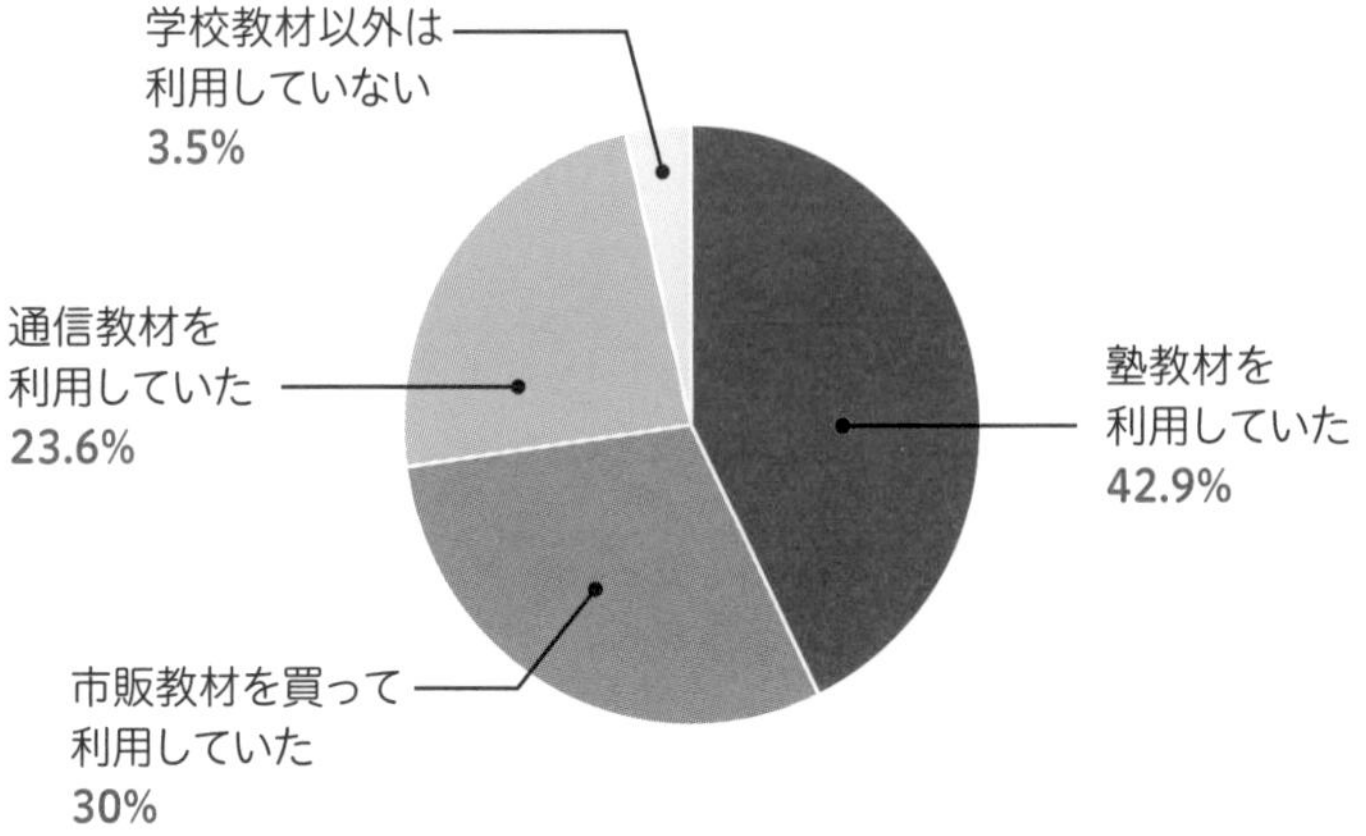

また、とくに気をつけるべきは**「市販教材」**の購入を検討するときです。

アンケートでは30％の子が利用しているとのことですが、このアンケートの子たちは大半の市販教材を使いこなせるので、とくに心配はしていません。

心配なのは、**「成績上位ではない子たちの教材の難易度の選択」**です。

難しい問題が掲載された教材も多いですが、問題の取捨選択は子ども本人にはできないので、公立高校を目指すならば公立レベルを超えた難関私立高校の入試問題が入っていないものを選ぶといいでしょう。

家庭のルールはどう決めているの？

さて、これも私が興味のあった質問です。

家庭のルールはどんな形で決まっていくのかという部分ですね。

親からのトップダウンで「今日からわが家のルールはこうなりました！　守るべし！」と決まっていくのか？　はたまた、民主的に子どもと話し合いながらお互いが条件を交渉して決まっていくのか？　結果は次ページの通りです。

保護者がルールを決めて子どもに伝えるトップダウンの家庭は、たった6％ほど。対して、**約80％もの家庭が本人と保護者が話し合って決めている**ようです。

やはり子ども自身も参加して決めたルールのほうが納得して実行できるでしょうし、親子で一緒に決めたルールのほうが守られやすいのでしょう。

ここで、中学生の塾生たちと個人的に勉強のルールを決めることも多い私から、**「ルールの決め方（交渉の仕方）のコツ」**をお伝えしておきます。

まずは目指す目標を一緒に確認し、それを達成するためにこちらが考えた作戦を子どもに伝えます。

学習関連の家庭ルールはどのように決まっていきますか？

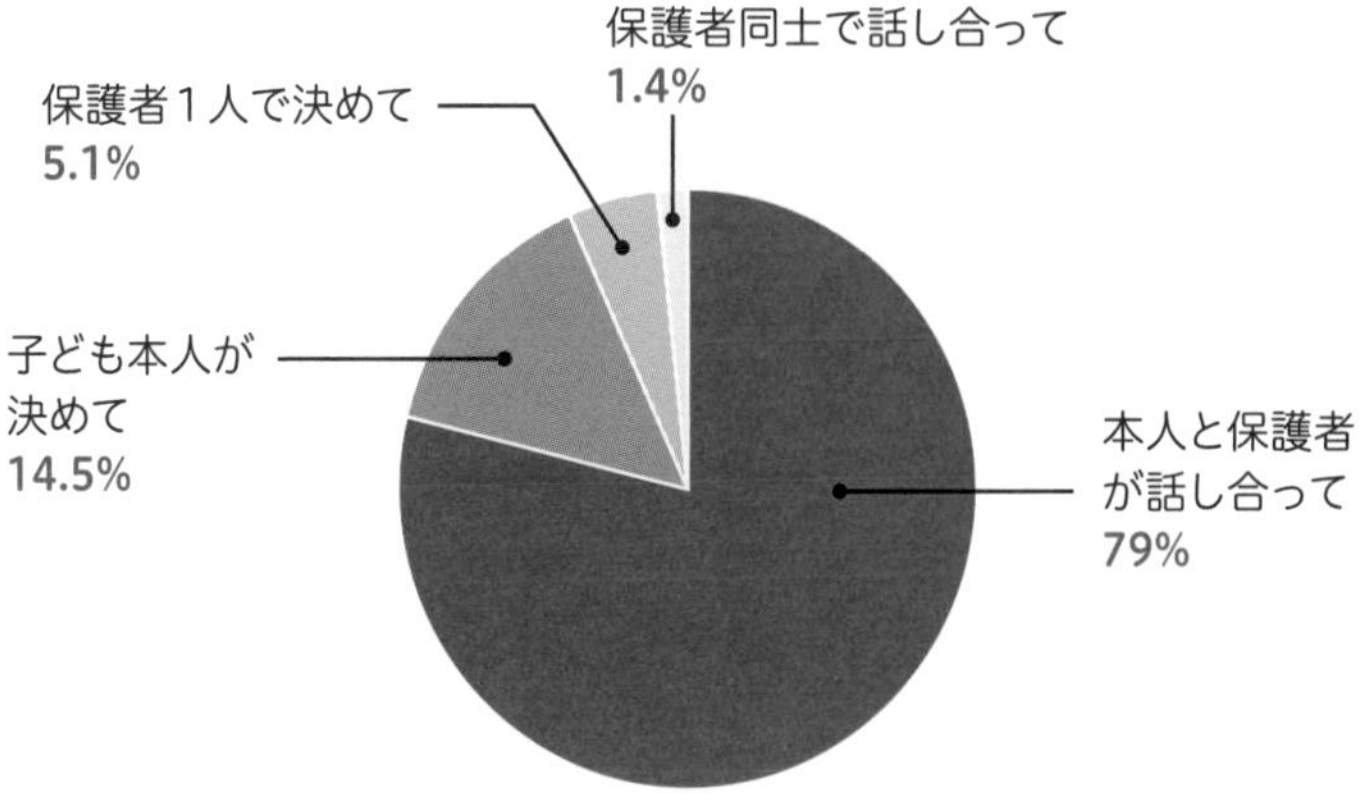

子どもに意見をもらって内容調整をして決定。子どもの意見でルールが緩くなったら、**「もしも目標に近づかないときには、ルールを変えていこう」**と先に話しておくことです。

本人の意見を尊重しながら、様子を見ていくことがコツです。

アンケート結果で「子ども本人が決める」というのが約15％あるのも興味深いですね。

ただし、もしも子どもがルールを決めたとしても、今書いたように目指す目標に近づけているかどうかで保護者がルールの改定を提案をすることは必須だと思います。

できそうなことから試していこう

以上、協力いただいたアンケートの紹介も含めて、成績上位5％の家庭の共通点を見てきました。

正直なことを言うと、私が一番このアンケート結果を楽しんでいる気がしています。一気にこれだけ多くの成績上位家庭の実態をのぞくことができる機会はなかなかありませんからね。

もちろん、各家庭で状況は千差万別です。

そして、すべての結果が参考になるということではありません。

「そんなの専業主婦（夫）だから、できているんじゃない？」

「そんなにうまくいくなら苦労していないって！」

「その手段はもう試したけど、うちではうまくいかなかった！」

という具合に、あなたの家庭の状況とフィットしない記述に関しては、こんなふうに適宜ツッコミを入れながら読んでいただいて大丈夫です。そして、一部分でも参考にしてもらえるところがあるなら、積極的に取り入れていただければと思います。

第2章

[学年別]子どもへの接し方とサポートはこうしよう

第1章では、主に成績トップの子の親の共通点についてお伝えしてきましたが、この章では学年別に子どもへの接し方とサポートのコツを見ていきます。

学年ごとに「ここ一番」という大切な時期・大切な内容があります。あらかじめそれらを把握して、心して対策ができるといいですよね。

私の指導経験をもとにしたうえで、成績上位5％の140家庭の意見も参考にお伝えしていきます。

また、中学各学年に加えて、「中学入学前」という時期に関しても触れています。これから中学生になるという家庭は、そんなところも参考にしてください。

1

中学入学前に一番時間を割いて勉強してほしい教科は？

◎小学生のうちに、この力を高めておこう

中学入学前の時期で一番大切なのは、**「国語力を高めることに集中する」**ということです。これは小学生の6年間を通してと言ってしまってもいいかもしれません。

そもそも国語力は、短期間に身につくという種類のものではありません。長い時間をかけてじっくりと育んでいく力です。積み重ねの教科という意味では算数ももちろん大切ですが、国語にはかないません。

算数の力は、たとえつまずいたとしても、さかのぼって手順を踏んで学習していくことで一定の期間で取り戻せます。対して国語は生まれてきた年月をかけて育まれていますから、一定の期間で取り戻すということが難しい教科だと私は考えています。

そんな国語ですが、小学校で学ぶ2大教科（算数・国語）の1つになっていながら、**中学に入ったとたん優先順位が主要5教科のなかで最下位**にまで落ちてしまいます。

国語は教科の中心から端っこへ！

英語が台頭し、2大教科は英語・数学となるのです。「国語は漢字だけ勉強しています」という子も多くなり、「日本語だから、読めば何とかなるだろう」という扱いで、勉強に割く時間も一番短くなりがちなのです。

実際に国語力がある子というのは、小学生の間にしっかりと国語力を身につけている子たちです。この子たちは、定期テスト前にあらためて読解の勉強をすることは、ほぼありません。

この展開を目指したいですよね。

具体的な取り組み方ですが、学校の国語の勉強を頑張るのはもちろん、そこに追加して**「市販教材」**に取り組んでいくことをお勧めします。

お勧め教材を挙げておきます。

私の塾でも小学生の指導に使用している素晴らしい市販教材です（ちなみに中学生が使用しても、充分に役立つ内容になっています）。

ただし、いずれも子どもに渡しっぱなし・やらせっぱなしでは力はつきません。一緒にマルつけをするなど、あなたがフォローしながら取り組ませてください。

- **『ふくしま式「本当の国語力」が身につく問題集［小学生版ベーシック］』大和出版**
- **『ふくしま式「本当の語彙力」が身につく問題集［小学生版］』大和出版**

◎漢検合格を目指して漢字の勉強を！

私ごとではありますが、48歳にして初めて漢検に挑戦しようかと、先日から勉強を始めたところです。**「漢字の知識って、国語力の根幹になるなぁ」**と日々感じていて、自分自身も漢字の知識を高めておいたほうがいいと思ったからですね。

学校の漢字の勉強というのは、どうしても単調で退屈になりがちです。

四の五の言わずに頑張って取り組むたぐいの勉強ながら、せっかくならば目標があったほうが取り組みやすいでしょう。

その意味で、「漢検」というのは漢字の勉強の目標にふさわしいですよね。学校の漢字の勉強はもちろんのこと、さらなる漢字力アップの手段として、漢検受験をお勧めします。

読解力と語彙力については前のページで紹介した教材を使用して高めつつ、漢検へのチャレンジで漢字を学ぶのです。漢検の合格を目指して勉強することで、漢字の部首などの成り立ち部分からじっくりと身につけることができます。

1つの漢字を1つの絵のように形で覚えてしまうことなく、**使われている部首などの意味も込みで覚えることで、断然忘れにくくなり、その漢字が使われた熟語の意味までも想像できるようになります**。

「正答率が安定しなかった読解問題が、漢検を取得してから安定してきた」と教えてくれた中3生の保護者も過去にいました。この家庭の例は偶然ではありません。

3級までは2カ月ほどの勉強で合格することも可能です。ぜひ漢検に挑戦させてみてください（保護者も一緒に挑戦してみるのもいいですね）。

2

中学入学前に英単語を書けるようにしておこう

英語は教育改革の歪みが中1に集中！

中学校に入学する前の内容について、もう1点書かせてください。

２０２１年以降の学習指導要領の改訂により、今まで上の学年で学んできたことが軒並み下の学年に降りてきて、**覚えるべき英単語量も急増し、中学英語が格段に難しくなりました。**

この英語教育改革の成果として、日本の学生全体の英語力は確実に伸びているようですが、その歪《ゆが》みが中１に集中してしまっているのが現状なのです。

これまで中１最初の英語の定期テストというのは、伝統的にとても簡単で、90点台は当たり前、１００点もたくさん出るようなものでした。

それがこの改革によって平均点が50点を切ることがあったり、20点、30点の生徒がたくさん出る状況になってしまったのです。

具体的には、**小学校からしっかりと準備してきた生徒たちと、準備をせずにきた生徒たちとで英語の成績が二極化し、最初から英語の授業についていけない生徒たちが出てきてしまっている**という状況です。

現場の先生や塾の先生はこの事態を把握して対策を始めていますが、保護者はまさかそんなことになっているとはつゆ知らず、対策をせずにいるケースが多々あります。

まずは、この現状を踏まえたうえで、お子さんに最初からいい形で英語を学ぶことができるように、小学生のうちから下準備をしていきましょう。

「読めて意味がわかる」から「読めて書ける」へ

では、具体的にどんな準備をしていったらいいのかと言えば、手軽に取り組めるのは**「英単語を書けるように練習しておくこと」**ですね。

小学英語では英単語は「読めて意味がわかる」というレベルが求められ、**「読めて書ける」**というレベルまでは求められません。

学校の言う通りに学んでいると、中学になって、

「はい、これらの単語は小学校で習ったよね？ 書けるようにしてね。はい、こっち

が中学で新しく習う単語だよ。こっちも書けるようにね。多いけど頑張れ！」と、いきなり膨大な英単語修業が始まってしまいます。

この流れに巻き込まれないように、小6に入ったくらいから英単語を書く練習をしていきましょう。

さて、さっそく英単語を書けるようにする勉強に取り組みたいのですが、教材については少し気を使って選ぶ必要があります。

なぜなら、市販の小学生向け英単語教材の大半は、英単語の意味を知ることを目指してつくられているからです。

英単語を書けるようにするという意味においてお勧めの市販教材はまず、**『小学生のための英語練習帳シリーズ』（旺文社）**です。

小学生が英語を書く練習をする最初の1歩とするのにふさわしく、本当に素晴らしい教材です。シリーズの2が英単語を扱っていますが、英会話などで学んでいないかぎりは、アルファベットなどから扱っているシリーズの1からの使用をお勧めします。

もう1冊のお勧めは**『小学生のためのおぼえる英単語・熟語カード』（旺文社）**です。

今、紹介した教材シリーズの1冊です。

練習帳シリーズを2まで終えたなら、そこから追加でこの教材を購入して取り組むといいでしょう。

覚えるべき英単語がカード状になっており、**「日本語訳の側を見て英単語を書く」**という勉強が可能なのでお勧めしています。

小学校で学ぶ英単語数は600語程度と言われますが、この教材は700語収録されていますから、単語数も充分です。

英単語を書けるようにするためのコツは2つあります。

1つは、付属のCDや音声データを使って、単語を聞いて覚えること。

もう1つは、「英語↓日本語」をマスターしてから「日本語↓英語」の書く練習に入ること。

お子さんが慣れるまでは、一緒に覚える勉強をしてあげてください。

これらの教材を使って、小学校が終わるまでに英単語を書けるようにできたならば、中学入学後の英語学習が格段にスムーズになります。

夏休みなど大きな休みを利用して、親子で実践してみてください。

3

中学1年生って、どんな学年？

◎それまでと生活の流れが一変

さて、遅くなりましたが、ここから中学生について見ていくことにしましょう。

中学1年生という学年がどんな学年かと一言で言えば、**「生活と心身が激変する学年」**ですね。

ゆったりとした時間の流れで勉強量もそれほど多くはなかった小学校6年間を終え、中学校に入学すると生活の流れが一変します。

授業時間が伸び、授業数が増え、宿題も増えてきます。これに加え、部活や新しい友人関係が始まるなどの大きな変化を迎えて、あわただしい毎日が始まるのです。

そんななか、うまく中学生活の流れに乗ることができなくなってしまうということも起きています。

いわゆる**「中1ショック」**とか**「中1ギャップ」**というものですね。

そんな中1ショックを乗り越えた後、中1生たちは身体が大きく成長していきます。背はグングン伸び、男の子の場合は声変わりも迎えます。心も成長していき、思春期と言われる時期に突入する子も多くなる頃です。自我を確立する過程で、常に心が揺れ動く不安定な時期ですね。自分の取り組みに口出しをする保護者に対して反抗するようになる時期でもあります。

こうしてみると、中学1年というのは波乱万丈になる可能性が高い学年ですね。あなたも、そんなお子さんを保護者として、心して見守ってほしいと思います。

なお、左に**「成績上位5％の家庭の声」**を掲載しました。ぜひ参考にしてください。

- 学校のことを自分からはほとんど話さなくなりました。 埼玉県 Iさん
- 勉強を完全に1人でやりたがるようになりました。 東京都 Oさん
- 親の考えや話し方がよくないときに指摘してくるようになりました。けっこう的を射ているので、少しへコみます。 愛知県 Iさん

4

中1生は最初の定期テストが大きな山場になる

「テスト勉強の当たり前」はこうして決まる

中1生の最大の山場が、**「最初の定期テスト」**です。ここでのテスト勉強の取り組みが、その子にとっての「テスト勉強の当たり前」になるからですね。

塾に通わず1人で勉強をしてきた子は、「テスト3日前から勉強し始めて、（学校配付の）ワークは前日にギリギリ仕上がります」とか、「テスト勉強は前日に少しだけやります。ワークは提出日に間に合っていません」ということも多々あります。

他人と比較する場面がないと、こんなに低い「当たり前」が定着してしまうのです。

日々の生活で身につける「当たり前」は保護者からのプレゼントです。

最初のテストはしっかりサポートをして、正しい「テスト勉強の当たり前」をプレゼントしていきましょう。

初回ですから、保護者主導でもＯＫです。

最初は1人でやってみてもらう作戦もアリ

「もうとっくに反抗期で保護者の協力を断られた」という場合は、1人でやってみて、目指すレベルの結果が出せなかったときの対応の約束をとりつけておきましょう。

たとえば、**「結果が出せなかったら、次のテストでは親子で協力をしよう」**とか、**「塾に通うことにする」**といった具合ですね。

「中1は最初の定期テストが大切」というのは成績上位5％の家庭のアンケートでも圧倒的に多い意見でした。

気を引き締めて全力でサポートしていきましょう。

- 最初の定期テストで立ち位置が決まると、次もそこを目指し、それが続くと9割超えの点数が通常になるということを狙いました。　愛知県　Oさん
- 中学1年の最初のテストで成績がいいと、自然と次も頑張ろうという姿勢が生まれました。途中、中だるみの時期もありましたが、やらなければこれだけ成績が落ちるということを1年生で経験できたことが大切だと思いました。　東京都　Hさん

5

中1生は「英語の出遅れ」に注意！

中1で学ぶ英語はどんどん難しくなっている

すでにお話ししたように、中学英語は中1に一番歪みが出てしまっています。最初から身につけなければいけない内容が多すぎるのです。

小学校の英単語を書けるようにする必要がありますし、中学で新たに学ぶ英単語もたくさんあります。加えて、学ぶべき英文法も以前より増えています。

最初からつまずいてしまう子が増えている教科ですから、他教科よりも多めに時間を割いて勉強するようにしてください。

最初の1歩は、**「英単語を書けるようにする」**ところからです。

お子さんが今習っているところをチェックして、そこまでの英単語が書けるようにサポートをしてあげるといいでしょう。

また、昔から中学英語で学習効果が高い勉強法として一目置かれているのが**「教科**

書本文の暗唱」です。

中学英語の教科書本文は、重要な文法が凝縮されてつくられていますから、これを暗唱することで、理屈とともに英文のルールを身体に刻みこむのです。

日本語訳を見ながら教科書本文を言えるようにするところからスタートして、最終的には何も見ずに教科書本文を英語で書けるようにします。

もしもそれができたときには、**その単元の英単語、英熟語、英文法をほぼマスターしたと言ってしまっていいレベルになっている**はずです。

ぜひ正しく暗唱できたかどうかを聞いてあげたり、書いたもののマルつけをしてあげたりなどといったサポートをして、「教科書本文の暗唱」という勉強法を中1の最初にプレゼントしてあげてください。

声に出して取り組む勉強というのは、塾では実践しづらいものです。逆に言えば、**そうした勉強は保護者のサポートこそがふさわしい**わけです。

内容的には高度になりますから、その単元の「基本文」だけを暗唱するとか、言えるようにするところまでにするとか、お子さんのそのときのレベルに合わせて調整してあげてください。

6

中学2年生って、どんな学年？

中学に慣れてきたからこそ出てくる弊害

激動の中学1年を終える頃には、あわただしい生活にも慣れ、人間関係も落ち着き、お子さんがようやく中学生活をじっくりと楽しめるようになってきていることでしょう。

その意味で、中学2年は比較的落ち着いた学年となりやすいと思います。言い換えれば、**「中だるみの学年」**とも言えます。

中1の頃は緊張感をもって勉強に取り組んでいたのに、すっかり慣れて緊張感が薄れてしまいがちです。そして勉強以外の部分に力が入ってしまう時期でもあります。

ゲームにどっぷり漬かってしまって保護者にゲームを取り上げられたとか、隠れてスマホを使いまくっていたことがバレてスマホを回収されたとか、そういったエピソードを聞きやすい学年です。

成績上位5％の家庭でも悩みの種になっている

また、中学2年は徐々に自我が確立してきて、保護者の関わりをうっとうしく感じるようになる子が増える時期でもあります。

実際、**「私の言うことはもう聞かないので、先生から言ってもらえませんか？」**という保護者からの要望を受けるのは中2からが多いですね。

精神的な成長の裏返しであり、喜ばしいことではありますが、親子で協力して勉強に取り組めなくなる家庭も多く、やはり少し寂しいですよね。

それはともかく、成績上位5％の家庭のアンケートでも、中2はやはり「中だるみ」という単語が頻繁に書かれていました。

この中だるみをどう乗り越えていくのか？

中だるみにならないようにどのように子どもの気持ちに張りを与えていくのか？

そんなところが保護者が一番注意をしていきたいところですね。

7

中2生に「中だるみ」させない、とっておきの方法

●資格に挑戦させてみよう

中2生に中だるみをさせないための具体的な対策について見ていきます。

まず、お勧めなのが「資格に挑戦していく」という対策です。

目指すべき資格は、「英検」「漢検」がいいと思います。これらの資格は、中学校の成績に直結してきますからね。

大阪府では2017年から高校入試に英検が利用されるようになり、難関校では2級を取得することで当日点の80％を保証してもらえるようになっています。最上位校では受験者の9割が英検を利用して受験しているそうです。

こんなに明確に資格が高校入試に役立つ都道府県はそうそうありませんが、かりに入試に関わりがなくても、中だるみ防止のため、本人の学力アップのため、ぜひ挑戦させてください。

検定のモデル受験スケジュール

	中1		中2		中3
漢検	3級	→	準2級	→	2級
英検	4級	→	3級	→	準2級

内申4以上の生徒が目指すスケジュールです。
中2までは年2回受験する生徒もいます。
中2で目標級まで取り終えるのが理想です。
英検は準2級まで取る生徒が増えました。

受験級の目安ですが、**「内申4（偏差値55）以上」**の生徒を想定してモデル受験スケジュールを書きました。

学力に応じて1級分上下させるといいでしょう（入試の際に内申書に書ける英検の級は3級からと言われています）。中学入学後、早い段階で中学生活に慣れてくるようでしたら、中1から挑戦を開始できると、よりスムーズですね。

なお、資格は本人の興味のある分野であれば何でもかまいません。

プログラミング検定や歴史検定など、プラスに働きそうであれば、どんな検定でも挑戦させましょう。

◎「進路」を意識させる活動も効果的

中だるみ対策について、もう1つ提案します。勉強への気持ちを高めるべく、子どもと一緒に進路を意識させる活動をしてみてください。

具体的には、**「高校見学」**がいいですね。

私立高校は学校説明会や学校見学会を夏から実施していますが、中2生であっても参加が可能です。

高校側からしたら、1人でも多くの生徒たちに来てほしいので、**「中2から見学に来てくれるだなんて」**と大歓迎でしょう。

普通科ではなく専門学科を考えている場合は、専門学科をもつ高校へ見学に行くのもいいですね。

また、高校に進学しても続けて取り組みたい部活の高校大会を観戦するというのも一案ですし、学校祭を一般にも公開している高校もありますので、それに行ってみるのも一案です。

子どもには**「受験するかもしれない高校だし、場所の確認も含めて、2年生のうち**

に見ておこう」と、当たり前の家庭行事のように、休日のお出かけを兼ねて行くといいでしょう。

進路を意識できるこうした活動の結果、「あ、この高校で勉強したいなぁ」などと少しでも思わせることができれば、保護者の大勝利です。

焦らず騒がず、**「いい高校だよね。ここに向けて勉強を頑張れるといいね」**と返事をし、じっくりとその気持ちを高めることを目指してください。

●中2は完全に中だるみの時期で、中2の中間テストは通信教育のテスト対策をサボってやらなかった結果、中3から通うはずだった今の塾に11月から通うことになりました。この時期は私もうまくサポートできなかったです。
愛知県　Iさん

●中学2年生は間延びしやすいと聞いていたので、新たな目標を設定し取り組みました。結果、英検準2級、数検準2級に合格しました。タイミング的にも中2でチャレンジできてよかったと思います。
愛知県　Kさん

●なるべくオープンスクールを中2から行かせるようにしました。中3になってから学校行事などと被ったりすると、見に行けなくなるので。
宮城県　Sさん

8

中学3年生って、どんな学年？

●この1年は、あっという間に過ぎていく

中学3年生と言えば、何と言っても**「受験学年」**です。国の調査（2020年）によると、中学生の98％以上が高校に進学をします。

都道府県によって成績が入試に関わるタイミングはさまざまですが、**中3に入ると47都道府県すべてで内申が入試に関わるようになります**。

日本全国、子どもたちが受験に向けて真剣に勉強に向き合うようになる学年だと言っていいですよね。

まずは春、いかに早く子どもに本腰を入れて勉強に取り組ませられるか？

そして夏、部活を終えた夏休みの大きな時間をどう過ごすか？

続いて秋、部活で頑張っていた時間をそのまま勉強に使うことができるか？

最後に冬、緊張感が高まるなかで落ち着いて勉強に取り組めるか？

春夏秋冬、ずっと入試に向けた勉強に気を配って過ごす1年になるでしょう。

●受験学年は「中3の0学期」から始まる

「中3の0学期」という言葉を聞いたことはありますか？

じつは、中3にだけ0学期という学期が存在するのです。

「中3の0学期」とは、**「中2の3学期」**を言い換えたもので、「この0学期から入試へ向けた準備を始めよう！」と生徒たちを鼓舞するためにつくられた受験用語の1つです。何だか伝わりがいいので、私も気に入って使っています。

いち早く本腰を入れて勉強に取り組めるように、受験勉強のスタートは「中3の0学期」からがお勧めです。

本人に意識してもらえるよう、中2に入った頃からこのフレーズをことあるごとに口にして、本人に意識してもらえるようにしましょう。

中3になってから勉強を頑張るのは当たり前です。

したがって、少しでもアドバンテージが得られるよう、中2のうちから本腰を入れた勉強をスタートさせましょう。

9

中３の夏からが入試勉強の本番！

夏を制する者は受験を制する

夏がいかに受験に大切かを伝える、昔からある格言を小見出しに掲げました。

一般的には、夏前の大会を最後に部活を引退する子が大半でしょう。

つまり、夏休みという自由な40日間がやってくるわけです。

これほど長い期間を自由に学習できる機会があるのは夏だけです。

裏を返せば、一生懸命過ごした子と、遊んでしまった子とで大きな差が生まれてしまう季節だということですね。

この事実を、まずはあなたが心に刻んで、お子さんに情報を降ろしていきましょう。

あなたが取り組むことは、この１点です。

子どもの生活リズムを、学校があるときとすべて同じにする――。

まずは夏休みに入っても、生活リズムを学校があったときと同じになるように家族で打ち合わせてください。

いつもと変わらない時間の起床、いつもと変わらない時間の朝ごはん、いつもと変わらない時間の就寝。

とくにこの3つの時間は動かさないことを家族の約束としてください。

そして、目指すは**学校がある平日と同じ学習時間を日々、勉強する**ことです。

私は、自分の塾の中3生たちにこのように伝えています。

「毎日、学校でやっていた時間だったらキツくないはず！」と。

塾を利用したり街の図書館を利用したり、学習する場所を工夫しながら、最低1日6時間の学習を目指せるといいですね（本人の学力・気力・体力を考慮して、時間は6時間から前後させてください）。

◎塾の自習室がお休みのお盆は、朝から夕方までカフェで勉強していました。毎日勉強していると、逆に勉強していないと不安になるみたいで……。この頃になってようやく「勉強しなさい」と言わなくても勉強してくれるようになりました。

愛知県　Tさん

秋以降に子どもがピリピリしてくるのは当たり前

２学期が始まり冬服に着替える頃には、だんだんと受験が近づく緊張とストレスで、家庭では子どもがピリピリしてくることがあるようです。

塾では見せない子どもたちの一面なので、保護者から聞いてこの事実を知ったときは少し驚きましたね。

高校受験は、子どもたちにとって、**自分が選ばれる側になる初めての体験**です。日に日に高まる不安から生まれるその負のエネルギーを放出しやすい場所が、家庭になるのでしょう。**秋以降は不機嫌になりがち**だということを心に留めておきましょう。

「それは理解したけど、子どもに気が抜けた姿を見せ続けられたときには、こちらもストレスがたまるんですけど！」と保護者側もピリピリとしやすくなってきますから、一触即発のムードが家のなかに漂うこともあるかと思います。

ここは１つ、この展開が予見できていて、かつ自身も実体験のある保護者側がグッとこらえて、子どもと正面衝突をしないように配慮してください。

とはいえ、この状況が行き過ぎると、今度は子どもが「勉強をする私こそが正

受験生を王様に育ててはいけない！

義！」と勘違いをして、家庭内で「王様」「女王様」のような振る舞いで威張り始めることがありますから、これも注意が必要ですね。

過去に私の塾で中3生が、指導の声が聞こえてくるドア近くに自分で座っていて、「（うるさいので）このドア閉めていいですか？」と言ってきたことがありました。

季節は入試が迫る秋以降でしたね。

私はその申し出をキッパリ断り、「君、家で女王のように振る舞っているだろ？『勉強する私こそが一番偉いんだ！』みたいに」と伝えました。

その生徒は目を丸くして、「なんでわ

かるんですか⁉︎」と一言。

保護者は、自身の学生時代よりも子どもが頑張って勉強をするようになったときには、とくに口出しをしづらいようです。未知の世界に子どもが突入したからでしょう。

だからと言って、**子どもが偉そうな振る舞いをするのは大間違い**です。受験を目指す子であっても、あくまで皆と協力して生活をする家族の一員です。

ストレスがたまる受験生に配慮はしながらも、王様を育てぬよう、過剰な気遣いは慎むようにしてください。


さて、学年別で起こる出来事やサポートのコツは以上です。

怒涛の中学3年間がイメージできたでしょうか？

ここでは、成績上位5％の家庭の声を交えながらいろいろと見てきました。

お子さんの成長の各場面で**「こんなことに注意しなくては」**と、各学年で起こりやすいことを心に刻んでおいてほしいと思います。

第3章

［場面別］日常生活ではこうサポートしていこう

実際に勉強をする本人ではない保護者にとっては、この章で紹介する日常生活時のサポートこそがメインの取り組みとなります。

いわば、この第3章が最重要章となるわけです。

保護者が願うのは、子どもの今後の幸せな人生ですよね。

そこへ向けて本人が歩き出すときに「心身ともに健康で、いつも全力を発揮できる状態」をプレゼントするのが保護者の目指すところではないかと私は考えています。

保護者のもとを離れるその日までに、「心身ともに健康な状態」と「それをつくる日常生活の当たり前」をプレゼントしていきましょう。

1

「早寝」の実行サポートが最重要！家族総出で取り組もう

◎成績が伸びない子の最大要因

生活リズムを崩してしまって日中にウトウトする生徒は、かりに勉強法が完璧だったとしても成績が伸びることは決してありません。

覚えるべき場面で、解いてみる場面で、脳がボンヤリとしてしまっているわけですから、当たり前と言えば当たり前ですよね。何とか起きていればまだしも、睡魔にやられてしまえば、頭に入る知識はゼロになってしまいます。

私自身がこの生活リズムの大切さを骨身にしみて思い知らされたのは、過去の指導現場においてです。

何ごとにも熱中する生徒がいたのですが、その生徒は入試勉強にハマり込んで、1日中勉強をし続けて志望高校合格を勝ち取りました。それは惚れ惚れする見事な取り組みでしたね。

しかし、ここから風向きが変わります。

その生徒が高校進学後、しばらくして教室でウトウトするようになったのです。その理由は、深夜にスマホを触って生活リズムを崩していたからでした（どうも恋にハマってしまったようで、深夜まで起きて相手とスマホを使ってやりとりをしていたようです）。何ごとにも熱中するその生徒のハマり込む力はやはりとても大きく、私が提案した「深夜のスマホ利用禁止」を拒否するほど。

生活リズムの改善を目指して保護者にも相談しましたが、**「自分で律することができなかったら強制しても一緒でしょう」**との意見で、やむなく見守る展開に。

改善する兆しがなく、引き続き生活リズムは最悪の状態です。日々ウトウトしているのは塾だけのはずがありません。学校の授業も同様でしょう。テストの点数も、もちろんとれません。

体調とともにメンタルも不安定になってきて、すべてがうまくいかない不満を講師にぶつけるまでに。改善の糸口をつかめぬまま、しばらくして塾を辞めることになってしまいました。私にとって、大きな悔いが残った苦い経験です。

生活リズムが崩れることからすべての活動に支障が出てしまったこの経験から、私はあらためて**「生活リズムを整える」**ことの重要性を、骨身にしみて知ったのです。

◎この習慣の徹底で、すべてがいい方向に回り出す

では、どのように生活リズムを整えればいいのかという話なのですが、ズバリ**「早寝」**です。**早寝を徹底させることで、生活リズムはバッチリ整います。**

「早寝・早起き・朝ごはん」というフレーズをこれまでに聞いたことはありませんか？

これは、社会全体の問題として子どもたちの生活リズムの向上を図っていくために、文部科学省が国民運動として推進しているものです。

国が国民運動として取り組むほどです。生活リズムを整えるということの重要性をここからも感じてもらえるのではないでしょうか。

そして、この「早寝」と「早起き」と「朝ごはん」とリズムよく3つ書かれているなかで、最重要パートが「早寝」なのです。

「早寝」の習慣さえつけることができたら、おのずと「早起き」「朝ごはん」もできるようになってくるので、最重要パートとしています。そして、このパートこそが中

成績上位5％の家庭140人に聞いた就寝時間

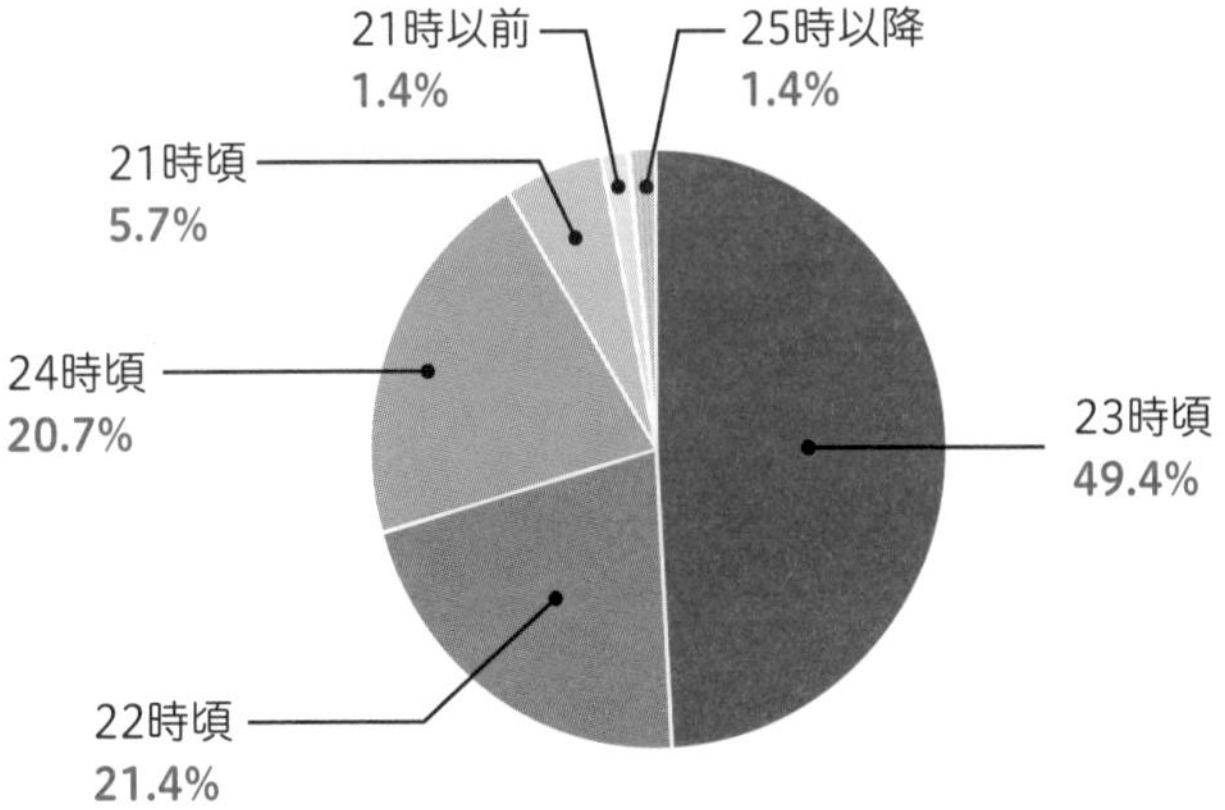

学生にとって一番崩れやすい部分でもあります。早寝を習慣にできるように、実行サポートをしていきましょう。

●成績上位5％の子たちの98・6％が24時までに寝ている

ここで、成績上位5％の子たちが何時頃までに寝ているかのデータを示しますね。まず、23時頃に寝ている子たちが約半数。注目してほしいのは、22時頃までに寝ている子たちの割合です。28・5％で、じつに4人に1人強になります。おそらく家族全体で早く寝るようにしているのでしょう。

次に見てほしいのは、24時頃に寝ている子たちの割合です。20・7％と5人に1人の割合。遅くなってしまっている家庭もそこそこありますね。

私はこれまでの著書で**「中学生は23時を目指して寝るように」**と書いてきましたが、なかには塾で帰りが遅くなってしまう子などもいて、どうしても就寝時間が23時を過ぎてしまうことがあるようです。

そんな状況の家庭には、「23時までが目標だけど、今日は遅くなっちゃった！」という意識が家族全体に共有されていたらいいなと思います。

さて、このデータからわかることで一番お伝えしたいのは、次のことです。

それは、成績上位5％の子たちの98・6％が24時頃までに寝ているという事実です。

ほぼ全員です。

まずは、この事実を親子でしっかり心に刻んでください。

◎就寝ルールは家族で決める

子どもの就寝時間――。

これについては家族全員で再度確認をしてください。目標就寝時間をあらためて確認して、その日からさっそく実行するのです。

その時間は23時までの設定が理想ですが、学習塾などの習いごとで22時過ぎに帰宅する曜日があれば、そんな日だけ23時半に設定を。家庭の状況によって前後させますが、24時を超えないことを家族の共通認識としてください。

遊んでいて就寝時間が守れないときは、遅くなってしまう原因を就寝時間の少し前に禁止するのがお勧めです。たとえば、**「スマホもゲームも、テレビもマンガも、すべての娯楽は22時までとする」**といった設定がいいと思います。

大切なのは、**たとえ勉強が長引いたとしても就寝時間を超えることは許されない**ということです。

テスト初日の前日に深夜まで勉強をしたならば、翌日は睡眠不足から100％の力を出すことができません。2日目3日目と体調が崩れやすくなり、総じてマイナスに働きます。

テストへの気合は認めつつも、**何があっても就寝時間は守ることを伝える**のです。

家族全員を巻き込んで実行し、家族全員の生活リズムが整うことになれば、こんなに素晴らしいことはありませんよね。ぜひ実践してください。

「早寝」の次は「早起き」と「朝ごはん」

さて、家族で協力して全力で「早寝」に取り組んでいれば、残りの「早起き」「朝ごはん」は自然にできるようになります。

その理由は、「早寝」ができれば充分な睡眠時間を確保できるので、「早起き」も苦にならなくなるからですね。

そして、「早起き」ができれば胃腸が活動を始めてお腹が空き、「朝ごはんを食べなさい」というセリフを言わずとも、自分から「朝ごはん」を食べることになりやすいというわけです。

これが目指すべき生活リズム、生活サイクルです。

逆に言えば、このサイクルが崩れるのも「遅寝」から。

「遅寝」するので睡眠時間が確保できず「遅起き」になってしまい、「遅起き」だから胃腸が活動せず朝ごはんを食べたくなくなるのです（もしくは、起きてすぐに学校に行くことになり、朝ごはんの時間がとれなくなってしまうのです）。

まずは「早寝」だけに力を入れて生活リズム、生活サイクルを整えていきましょう。

よい生活サイクルは早寝からスタート！

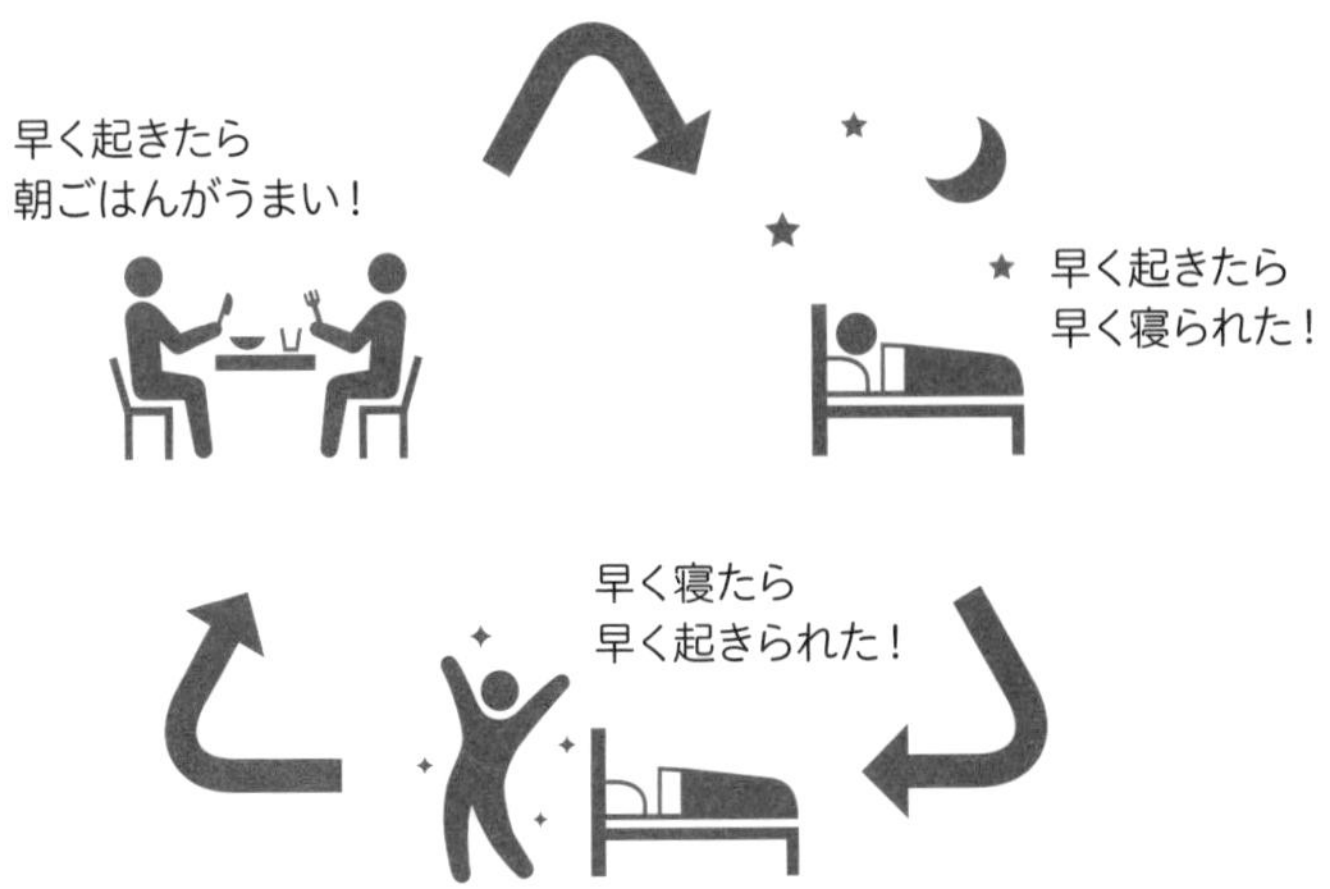
早く起きたら
朝ごはんがうまい！
早く起きたら
早く寝られた！
早く寝たら
早く起きられた！

第1章でも紹介しましたが、成績上位5％の子の家庭は「朝ごはん」をしっかりととっています。

早寝ができていれば朝ごはんは自然に食べたくなるからですよね。

アンケートでは「朝食は抜かない」という項目を選んだ家庭は、92・1％にもなっていました。

ぜひ「早寝・早起き・朝ごはん」という習慣を子どもにプレゼントしていきましょう。

成績上位5％の家庭の声

就寝

●勉強より睡眠をきちんととることを重視。勉強のためでも遅くまで起きていることは禁止しました。

神奈川県　Sさん

●早く寝ることです。「勉強しなさい」とは全く言いませんが、「早く寝なさい」とは毎日言っていました。

愛知県　Tさん

●平日の睡眠時間はかなり気を使っています。睡眠不足では学校の授業をきちんと聞けないからです。どんなに遅くても21時15分には勉強を切り上げさせます。

静岡県　Oさん

●23時就寝。これは國立先生の本から学び、息子と約束して徹底しています。ただ、本人から「少し夜更かしして楽しむ時間もほしい」との希望がありましたので、翌日が学校がお休みの日に限って夜更かしを許可しています。

東京都　Hさん

●テスト週間とかで勉強がもっとしたいときは、夜やるのではなく、夜寝る時間は厳守したうえで、そのぶん朝早く起きてやらせていました。

愛知県　Tさん

●小さい頃から決めた就寝時間を守らせ、朝も自分で起きられるよう練習させてきました。実際に小学校の頃は起こさず遅刻させたこともあります。

宮城県　Nさん

2

「スマホ制限」は親から子どもへのプレゼント

スマホの誘惑からどう逃れるか？

「早寝」についてじっくり書きましたが、これから見ていく**「スマホ制限」は「早寝」とともに保護者が一番力を入れて取り組むべきサポート**です。

「最重要2大サポート」と言っても過言ではありません。第1章のアンケート結果の紹介でも、繰り返しスマホに関しての記述が登場していましたよね。

ここで、あらためてどのようにスマホとつき合ってほしいのかをお伝えしていきます。

スマホがこの世に登場してからまだ歴史は浅いですが、それまで勉強を妨げるものとして挙げられていたゲームやテレビ、マンガなどをなぎ倒し、一気に勉強を妨げる誘惑のＴＯＰに躍り出ましたよね。

その理由は簡単で、先ほど挙げたようなあらゆる誘惑は、すべてスマホで実行可能だからです。

早寝のところで紹介した生活リズムを崩した生徒の例ですが、「スマホ依存」とも解釈できる状況でした。

「スマホ制限」がしっかりと実行されていたならば、陥らなかった状況だったとも言えるでしょう。

「スマホ制限」を実践すれば、集中して勉強に取り組むことができる環境を用意してあげられるので、これも保護者から子どもへの大きなプレゼントと言えると私は考えています。

いいプレゼントにすべく、制限の仕方について私から大きく2点、お伝えします。

◎自室には絶対スマホを入れない

制限の仕方1点目です。

とても簡単に実行可能な方法です。

それは、**「自室には絶対スマホを入れない」**という制限。

勉強時はもちろんのこと、日常であってもスマホを自室にもち込ませないことです。

自室はスマホのもち込み厳禁！

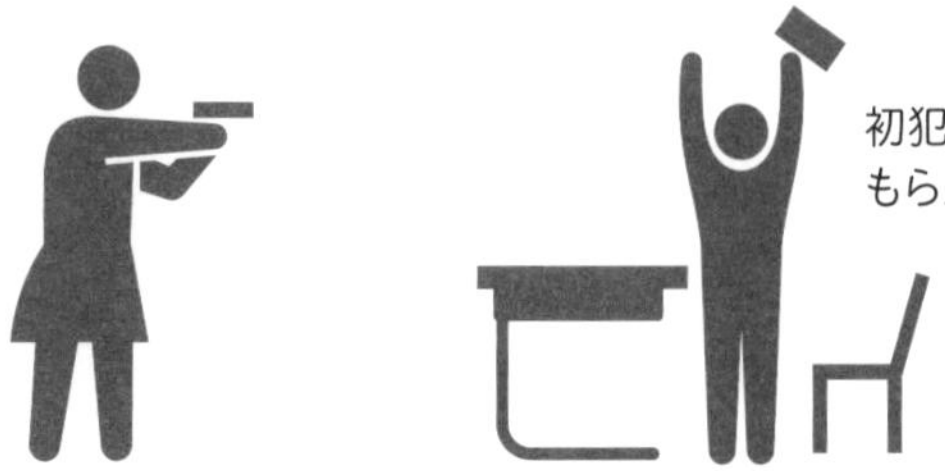
自室スマホ利用現行犯！
3カ月没収します！
初犯だし見逃して
もらえませんか？

私は自室にスマホをもち込ませるというのは、たとえるならば幼児の部屋にライターやナイフを置いておくことと同じくらい危険なことだと考えています。

その環境下でよくないことが起こったならば、それは本人ではなく保護者の責任だと言えてしまうほどに。

スマホは基本的にリビングだけの使用にすることをお勧めします。

自室ではないところに充電器を設置して、ふだんはその充電器につないでおく約束にしておきましょう。

さて、自室へのスマホのもち込みについて書きましたが、たとえばリビングで学習する家庭の場合は、勉強時にはリビングにももち込み禁止としてください。勉強をする場所に誘惑のもとを存在させないことです。部屋の外に出しておきましょう。

こうして私がしつこく「部屋の外」をアピールするのには理由があります。

それは、**「電源を切っていたとしても、同じ部屋のなかにスマホがあるというだけで、部屋の外に出しているときと比べてテストの点数が下がった」**という恐ろしい実験結果がアメリカの大学で近年発表されたからです。

この実験結果を知ってからは、私の塾の自習室もスマホのもち込み禁止としました。もちろん、調べものなどでネットを使いたいという場面もありますが、先生たちの目が近い、自習室の隣の部屋での利用のみとしています。

「調べ物があるから」とスマホをもち込む例外をつくってしまうところからルールが崩れていくからです。

調べ物があるならば、**「家族の目がある場所で調べる」**というルールを守らせていきましょう。理想はＬＩＮＥなど他の通知に気をとられることがないように、家族用のタブレットがあるといいですね。

◯寝室には絶対スマホを入れない

制限の仕方の2点目です。こちらもシンプル。

「寝室には絶対スマホを入れない」という制限ですね。スマホ禁止のエリアを寝室にも広げていきましょう（自室と寝室は同じことが多いと思いますが）。

前の項目で書いた通り、しっかりと睡眠時間をとって常に万全の体調で生活をすることが、学力のアップには大切です。

誘惑の塊であるスマホを寝室にもち込んだならば、多くの場合、スマホにのめり込んでしまい、睡眠時間を削ってしまうことになります。この展開は、おそらく私たち大人にも思い当たる節がありますよね。

さらに、寝る前のスマホ利用は、ブルーライトの影響で眠気が飛んでしまうなど、明確に悪影響があります。

中学生の好奇心を侮ってはいけません。

生活リズムを守らせるためにも、寝室へのもち込みをさせないようにしてくださいい（ちなみに、私自身も2年前から寝室にはスマホをもち込んでいません）。

私が声を大にしてお願いしたい「スマホ制限」はこの２つです。
これらの制限を実施することで、大きなスマホトラブルはすべて防げるでしょう。
もうすでにもたせてしまったという場合でも、ぜひ今からこの２つの制限を加えてあげてください。何と言っても**「物理的な制限」**が最強です。

スマホをもたせるときには子どもと契約を交わす

ちなみにまだスマホをもたせていないという場合は、いざもたせるとなったときに、しっかり**「契約書」**をつくって子どもと契約を交わしてください。

使用場所や使用時間、具体的な使い方を書いて署名してもらいましょう。

大切なのは、**「これからずっと通信料もかかるし、これは保護者のスマホを貸し出しているだけです」**ということを最初に子どもに確認することです。

このスタンスを子どもに理解してもらうことで、細かなスマホトラブルを回避したいですね。参考までに契約書のテンプレートをＱＲコードで貼っておきます。そのまま使うのもいいし、手を入れて使うのでもいいでしょう。

何ごとも最初が肝心ですよ。

誓約書　兼　スマートフォン貸与契約書

＿＿＿＿＿＿（以下、甲という）と＿＿＿＿＿＿（以下、乙という）は、甲が貸与するスマートフォン（以下、端末という）の利用等に関して、次の通り合意したので本契約を締結する。

第1条（目的）
甲が購入した端末を乙が利用するにあたり、本契約を誠実に守ることとする。

第2条（端末の利用）
（1） 基本は、家族との連絡用として利用するものとする。
（2） 利用は朝6時から夜＿＿時までとする。また、定期テストの1週間前から終了までは利用をしない。
（3） 利用したいアプリがあるときは、乙から甲に申し出る。甲に無断でダウンロード利用はしない。
（4） LINE は、家族および学校関係の友人の間で最小限の利用を認める。
その他の SNSサービス（Twitter/Facebook/Instagram 等）の利用は甲の許可を得ること。

第3条（端末利用の場所）
（1） 原則として、リビングで利用し、自室に持ち込まない。
（2） 食事中、入浴中、トイレ中の利用はしない。
（3） 就寝時と学習時はリビングの充電コーナーにおいておく。

第4条（監査）
甲は必要に応じて、端末の情報を確認することができる。実施の際は乙のプライバシーを尊重する。

第5条（罰則）
本契約が守られなかったときは、甲は乙に対して一定期間の利用禁止を命じることができる。

第6条（有効期間）
（1） 本契約書の有効期間は、＿＿＿＿年＿＿月＿＿日から＿＿＿＿年＿＿月＿＿日までとする。
（2） 前項の定めに関わらず、甲は本契約を解約することができる。

第7条（協議事項）
本契約書に定めのない事項が生じたとき、甲乙が誠意を持って協議の上解決する。

以上、本契約の成立の証として、本書を2通作成し、甲乙は署名のうえ、それぞれ1通

＿＿＿＿年＿＿月＿＿日

甲 ＿＿＿＿＿＿＿＿＿＿＿＿　　乙 ＿＿＿＿＿＿＿＿

◎「スマホをもたせない」というのも選択肢の1つ

さて、今度は「そもそもスマホをもたせるべきかなぁ」と迷っている家庭に向けてお話ししたいと思います。

1つの事実として、成績上位5％の家庭のアンケート結果を伝えさせてください。**「成績上位5％の家庭の約2割が中学生の間はスマホをもたせず、家庭のタブレットやパソコンを使わせていた」**という事実です。

まだもたせていないならば、ここは思いきって、**「中学生の間はスマホをもたせない」**という作戦をとるのもいいでしょう。

「部活や習いごとの連絡網がLINEだから仕方なく……」という動機でもたせることもあるようですが、家庭のタブレットや保護者のスマホなどを使うことでそういう場面をクリアしているケースは、成績上位の家庭に多いですね。

「家庭のタブレットや親のスマホを子どもと一緒に使う」という解決策で、中学生の好奇心の暴走を抑制するわけです。

一段階制限の強いスマホの利用方法として検討してみてください。

成績上位5%の家庭の声

スマホ

- スマホ使用はリビングのみ。7時～22時。申告制で必要に応じて主人が解除。 東京都 Sさん
- 23時～6時はロックをかけて使えないようにする。充電はリビングで。 神奈川県 Hさん
- 定期テストの順位に応じて、次回テスト前のスマホゲーム可能期間・時間を制限しています。國立先生のブログを参考に契約書を交わしています。 愛知県 Mさん
- キッズタイマー付きWiFiルーターで、デバイスの時間制限をしている。22時以降から朝5時半以前はネットにつながらない。 静岡県 Tさん
- 基本的にロックがかけてあり、勉強が終わったら解除。使用時間は21時半まで。 徳島県 Sさん
- 親が本人のスマホをいつ見てもいい（親に見られて困るようなことはしない）。 岐阜県 Uさん
- SNSはLINEのみ。友だちの追加は親の許可が必要。基本的にグループラインは禁止（生徒会と習いごとのグループのみ許可）。 千葉県 Hさん
- スマホは基本的にリビング。生活の秩序が守れていれば、同級生と同等程度の使用を許可（反発することを防ぐため）。同級生との話題で必要な情報収集は許可。 愛知県 Fさん
- スマホは姉妹で1台です。使用状況はすべて親が見るという前提で与えています。 京都府 Tさん

3

子どものテストの点数と通知表の内容を把握する

なんと成績上位5％の家庭のほぼすべてで実践！

中学生の学習サポートのコツを一言で言うと、「目は離さず手は出さず」だと序章でお伝えしましたね。

ここでお話しするのは、まさにこのコツを実行するものです。

それは、子どものテストの点数と通知表の内容を把握しておく、ということです。

過去に私の塾への入塾面談で「子どもの勉強は本人に任せています」という雰囲気のお母さんが、お子さんの成績の話題になったときに各教科のできを詳細にスラスラと話してくれたことがありました。これぞ「目は離さず手は出さず」だと感動したことを覚えています。

また、わが子のテスト結果を表計算ソフトに入力し、平均点との差を色分けして表示させている保護者にもお会いしました。見た目の点数にとどまらず、平均点との差まで明確に把握するところに脱帽しました（じつは、このときに面談させてもらったお母さんの取り組みは、私の塾で真似させてもらっています）。

第１章で紹介した通り、成績上位５％の家庭のアンケートでは１４０家庭中１３９もの家庭が「子どもの成績を把握している」と答えてくれていましたよね。ほぼ全家庭です。

いかがでしょうか？　あなたはお子さんの成績をどれくらい把握していますか？

試しにお子さんの前回の定期テストの５教科の点数と、通知表の９教科の内訳を書き出してみてください。定期テストで順位が出る学校であれば学年順位も。

理想を言えば、定期テストは各教科の平均点との差の大まかな把握と、５教科合計点数の把握、通知表は各教科の評価の詳細も把握できていたら言うことないですね。

「全く把握していない」という方がこの本を開いてくれているとは思えませんが、少なくとも**定期テスト各教科のだいたいの点数、学年順位、通知表の内訳**までは把握しておきたいところです。

遠くからでもかまわないので、わが子を「目を離さず」じっくりと見ていきましょう。

4

高校入試情報を収集しておく

入試システムと近隣高校をあらかじめ調べる

今度は、**「高校入試情報を調べる」**というサポートです。先ほどの子どもの成績を把握するのと同じように、これも保護者が1人で取り組めるサポートですよね。

成績上位5％の家庭のアンケートでも、ほぼすべての家庭で取り組んでいました。インターネットとスマホが普及した現在では、だれもが気軽に調べることができるようになったという背景も後押ししてくれているのでしょう。

わが子が受験生になるという場面でスッと力になれるように、高校入試情報を集めてみてください。

まずは、**「お住まいの都道府県の高校入試のシステム」**を把握します。

公立高校入試は47都道府県で47通りの入試システムで運営されていますからね。これに加えて、私立高校入試も日程や受験ルールなどが地域によって各々違います。

「●●県　高校入試　システム」とネット検索をかければ、わかりやすい説明がなされている大手塾のページが出てくるはずです。ここでしっかり把握しておきましょう。

具体的に把握すべき内容は、

「入試に関わる通知表（内申点）は何年生からで、3年生の何学期までか？」

「各教科の配点と、通知表がどれだけ合否に関わるのか？」

「スケジュールはどうなっているのか？　入試本番は何月の何週か？」

といったところです。

ここからさらに、**「進学の可能性がある高校」**はいくつか調べておきましょう。

情報源としては、高校ホームページやママ友など近所の方、塾に通っていれば塾の先生などがお勧めです。

「通学時間はどれくらいか？」「難易度はどれくらいか？」「大学への進学実績はどうか？」といった基本的な内容に加えて、必要に応じて**「部活動」**や**「制服」**など、気になっている内容もチェックできるといいですね。

5

勉強情報をネットやママ友から得る

WEBと実生活のダブルで情報収集

この項目では、**「中学生の勉強情報」**の調べ方を見ていきたいと思います。

まずは、**日々チェックして巡回するWEBサイトを登録**していきましょう。お住まいの都道府県の情報を発信しているものと、全国共通の情報を発信しているものの両方をチェックできるといいでしょう。ここでは地域を問わず中学生家庭にお勧めするWEBサイトを次ページに紹介しておきますね。

あとは実生活で**ママ友**などの知り合いから情報収集するのもお勧めです。とくに上級生のママ友は、これからのことをすべて体験ずみですから、どんどん実体験を聞かせてもらうといいでしょう。

また、インスタやツイッター、ブログなどで、**同年代の勉強サポートを発信しているママ**を探してみてください。情報を受け取るだけでも勉強になりますよ。

中学生の勉強情報の収集にお勧めのWEBサイト

- ブログ「**さくら個別ができるまで**」
  →愛知の塾ブログ。私のブログです。
- ブログ「**爆裂松江塾！ in 川越**」
  →埼玉の塾ブログ。成績上位者向け。
- YouTube「**とある男が授業をしてみた**」
  →授業動画中心の葉一先生のチャンネル。
- YouTube「**中学生の勉強応援『スタフリ』**」
  →中学生向けの勉強チャンネル。
- twitter「**りんごくん@慧真館**」
  →神奈川の個人塾アカウント。成績上位者向け。
- ブログ「**考えるお母さん**大学受験を見守る**」
  →詳細な取り組みレポが参考になる母ブログ。
- ブログ「**ほぼ塾なしで県TOP高校に合格するまでの記録**」
  →更新は終えたが内容が色あせない母ブログ。

6

帰宅時の声かけでメンタル面をチェック！

思春期だからこそやっておきたい！

あなたは、日頃からお子さんの様子をしっかりチェックできていますか？

私自身、塾で週に2度ほどしか来ない生徒であっても、塾に入ってくるときの挨拶の声色とか素振りで**「いつもと違う」**とわかることがあります。

気になるときには、保護者に連絡することもあります。

原因がわかれば、それを踏まえた適切な対処ができますから、子どもの様子をよく見ておくということは本当に大切です。

もちろん、こんなことを言わなくても、あなたはきちんとやっていることと思いますが、あらためて書いておきますね。

帰宅時にお子さんに声をかけることを日常として、その素振りを定点観測していきましょう。

体調ももちろんですが、**「メンタル面のチェック」**が主な目的です。

体調が悪いときにはそれを隠したりすることはないでしょうが、メンタル面の調子が悪いときには、その理由を説明するのも嫌だったりすることも多いでしょう。

学校であった話を饒舌にしてくれてストレスを発散できるお子さんならいいのですが、思春期の中学生はそんな子ばかりではありませんよね。

「何か学校であったみたいだな」と感じとったならば、チャンスを伺って水を向けてみるとか、他の家族と連携をとってみるとか、その理由を探るようにしましょう。

◎メンタル面の把握は、学校から帰宅時の息子の表情・雰囲気を密かにチェックしておりました(笑)。ふだんから会話をよくするように心がけていました。
大阪府　Iさん

◎メンタル面の把握は同じ場面での行動に着眼し、日々の変化を感じ取るようにしています。たとえば帰ってきたときの「ただいまー」のトーンや声の大きさ、話しかけたときの反応の仕方、雑談するかどうかなど、ポイントを置き、日々の変化を感じ取っています。
京都府　Oさん

7

感謝される日を信じて「時間だよ」の声かけをしよう

◎休憩と勉強の切り替えをどうやらせるか？

家庭内というのは、**「リラックスして休憩する場面」**と**「切り替えて勉強に取り組む場面」**とが同じ場所で行われます。

じつは、ここが家庭学習が難しい理由でもあります。

子どもが時間とともにストイックにバチッと休憩と勉強を切り替えることができるのであれば、保護者の出番はありません。

しかし、この切り替えは成績上位5％の子であってもとても難しく、保護者が声をかける場面が多いようです。

そう、時間の区切りでの声かけは、勉強が得意な子の家庭でも多く行われているということなのです。

勉強をする時間や就寝する時間に対して、

「時間だから勉強しておいで」
「時間だよ。もう寝なさい」

と声かけをするのは嫌な役目ですよね。

苦い顔をされたり、不満げな素振りをされたりすることもゼロではないはずです。

「あなたが自分でやれないから声をかけているんでしょう！」

と大声を出したいときもあるでしょうが、

「あのとき、声をかけ続けてくれてありがとう」

と感謝される日が来ることを信じて、どうか時間の区切りの声かけを続けてあげてください。

スマート家電に声かけを代わってもらう

ちなみにアンケートでは、こういった時間の区切りを **「スマート家電」** に言わせているという家庭がありました。

これには、ハッとしましたね。

親子間での摩擦を減らす、とても素敵な作戦です。

「ベンキョウノジカンデス」

「ネルジカンデス」

とスマート家電が代わりに言ってくれたならば、それに対して、

「よし、そろそろ勉強しようかな」

とか言って、爽やかにテレビを消したりすることができますよね。

ポイントとしては、子どもに「やりやがったな」と思われないように、**他の生活の区切りにもスマート家電に言ってもらう**ようにしておくことでしょうか。

なるべく親子間の摩擦を減らして、時間でしっかり切り替える生活ができるといいですよね。

時間の区切りのことで言い合いになってしまうことが多い場合は、ぜひ検討してみてください。

第4章

［場面別］テスト勉強・入試勉強はこうサポートしていこう

実際の勉強場面について書くこの章は、基本的に保護者は脇役です。勉強に取り組むのはわが子ですからね。

これまでに「できることならば代わってあげたい！」と何度も思ったのではないでしょうか？

そんな保護者がどのように中学生の勉強のサポートをするのか？

これまでの指導経験を踏まえ、そして成績上位5％の家庭の実例を交え、親子で協力して取り組む内容を中心にお伝えします。

細かな内容が多めですが、小さな取り組みを確実に重ねていきましょう。

1

まずは親子で勉強の協力体制をつくる

中1の最初はしっかり手を出すのが基本

各家庭で親子関係がさまざまなので、すべての家庭が協力体制をつくることができるわけではありませんが、中学に入ったならば最初の定期テストへ向けて親子の協力体制をつくることを、ぜひ試みてください（塾に通っていない家庭はとくに！）。

繰り返しますが、私は**「子どもが自立して正しく勉強できる日を目指す」という意識が親子お互いにあれば、中学生保護者の勉強への手出しはアリ**だと考えています。

中1の最初であれば、まだ思春期や反抗期の入口ですし、子ども自身も定期テストの勉強の仕方が何もわからないので、比較的協力体制をつくりやすいと思います。

「中学校の定期テストはテスト範囲も広くて準備が大変だから、最初は一緒にテスト勉強をやってみようよ。やり方を一緒に確認しよう」と提案するといいでしょう。

もしくは、自分1人でやってみて思うような結果が出なかったときに**「どこがうま**

親子で勉強の協力体制をつくろう！

ぶつかることもあるでしょうが、
頑張って協力しましょう！
協力してもらえると
助かります！

くいかなかったのか一緒に勉強方法を確認してみよう」と協力を申し出てもいいですね。

●中学の途中からでも協力を！

もしも中1の最初の時期を過ぎてしまっていても、協力体制をつくることを試みてください。

この本の31ページを見せながら、「勉強が得意な家庭では、親子で協力して勉強している子が4分の1くらいいるんだって。できるかぎり手伝うから、うちでも次の定期テストは一緒に協力してやってみない？」と交渉してみるといいでしょう。

「それはいいかもね」となれば、しめたもの。

これから説明する親子で協力して取り組むサポート内容を実行してみてください。

「えーっ？　嫌だよー」となってしまったならば、しかたありません。ひとまず保護者1人で取り組めるサポートを実行しながら、協力のチャンスを伺いましょう。

交渉決裂の理由を聞いておいて、その理由を消化できる提案を考えて、次のチャンスを待つことにするのです。

最大の交渉チャンスは、テスト勉強が思うように取り組めず成績を下げたときなどでしょうか。子どもと一緒にうまくいかなかった理由を振り返り、再度**「1回一緒にやってみようよ」**とサポートを申し出てみましょう。

もちろん、なかには、次のような家庭があるかもしれません。

「そんな声かけができないほどに反抗期の真っ最中なんです！」

そんな場合は、しかたがないので塾など家庭外にその役割を担ってもらいましょう（詳しくは第5章でお話しします）。

「頼られると嬉しい」という気持ちはわかるけれど……

さて、無事に協力体制をつくることができたならば、しばらくは安心です。わが子の取り組みの良し悪しが丸見えですし、アドバイスも近い距離から正しくできますからね。

当然、しっかり成果を出すこともできるでしょう。

親子で協力して勉強に取り組み、成果を出すのは、素晴らしい体験となりますよね。しかし、何ごとも度が過ぎると毒になります。

気をつけてほしいのは「子どもに頼ってもらうことに依存しないようにする」ということです。

「子どもに頼ってもらうこと」「子どものために行動すること」に対して、必要以上に快感を覚えないように戒めましょう。

私自身、若い頃は塾で生徒たちに頼ってもらうと嬉しくて、つい手を出し過ぎて甘やかしてしまったこともありました。

「ああ、俺って役に立ってる！」と自分に酔ってしまうんですよね。

わが子に手を貸すときには、常に「この手助けは、この子がこの先１人で生きていくうえでプラスになるのか？」と自分に問いかけてください。

お子さんと一生並走してあげることができればいいのですが、基本的に先にこの世を去るのは保護者なのですから、子どもが1人でやれる日を意識し続けることです。

協力の解消時期を決めておく

というわけで、無事につくり上げた協力体制ではありますが、**「いつ解消するか」**についても最初に決めておくことをお勧めします。

この解消時期を相談することで、子どもに「期間限定ユニット」であることを意識してもらうことができるでしょう。

依存をお互い牽制できるという意味でも効果的です。

保護者の意向で**「最初の1回だけ」**でもいいですし、相談して**「1学期は」**とか**「1年生のうちは」**とか決められるといいでしょう。

なかには、流れで**「高校受験までは」**といった具合に、長い期間になっていくケースもあることでしょう。

どれだけ長くなったとしても、**「1人でやれる日を目指す」**という意識さえお互いにあれば、それはそれでかまわないというのが私の考えです。

協力体制の解消時期を決めておこう！

ずっと手伝うって言ったけどさ、
そろそろ１人でやってよ。

今さら困るよ？
ずっと僕を助けてよ！

中学生の勉強への協力は、親子で力を合わせてものごとに取り組む最後の機会となるかもしれません。

子どもが「高校受験まで手伝ってほしい」と言えば、お互い依存しないように気をつけながら、無理のない範囲で手伝ってあげるようにしましょう。

また、協力しての勉強をやめた直後は成績を下げることもあるでしょうが、これは当たり前のことです。

その展開も想定して、**手を放すタイミングとその具合を検討**してください。

段階的に手を放すのも、いい作戦だと思います。

2

春先は「学校配付のワーク」のコピーをとってあげよう

○こんなときこそ親の出番

中学の勉強は定期テストへ向けた勉強が中心になり、そこで点数をとることを目指して日々取り組むことになります。

そして、その定期テストで出題されるおおもととなるのが**「学校配付のワーク（問題集）」**です。つまり、この学校配付のワークにしっかりと取り組んでマスターすることが中学での勉強攻略の核となるわけです。

ただし、1つ問題があります。

大切だからこそ、何度も取り組みたい教材なのに、学校配付のワークは市販されておらず、2冊目の購入は不可能。よって、繰り返しての演習がしづらいのです。

最初にノートに解くなどもできますが、図の問題は困りますし、解き終えたときにノートを見ただけでは保護者も本人も理解度がわかりにくいのが難点。

そこでお勧めしたいのが、この**学校配付のワークを春先にすべてコピーするという作戦**です。

お金も労力もかかりますが、保護者だからこそ実行可能な作戦と言えるでしょう。

春先に1回、テストごとに1回コピーを！

まずは、**春先に主要5教科の全ページをコピー**します。

これが今後の勉強の原版となります。可能ならば**「両面コピー」**でコピーしておくと、取り組むときに枚数が減るのでお勧めです。

そこからテスト範囲が発表されるごとに、原版を使って**テスト範囲部分をあらためてコピー**します。原版を保管しておけば、何度もつくって何度も演習できますからね。

テスト範囲でコピーしたものをホチキス留めして演習すれば、パッと見で全体を俯瞰できて、理解度の変化も苦手単元も一目瞭然です。

ノートに解く演習と比べて、学習効率は格段によくなります。

5教科のコピーが難しければ、とりあえずは1教科からでもかまいません。

そうしてでも、ぜひ試してほしい作戦です。

3

勉強の進め方を親子で確認しておこう

一連の勉強の流れを一緒にやってみる

子どもとの協力体制ができた前提で、勉強を進めるうえでのポイントを中1最初の定期テスト時を想定してお伝えします。

まずは、シンプルに中学での勉強のコツを一言で表します。

「×を○にするために問題を繰り返し解く」

お子さんにこれだけだと伝えてあげてください（解くのは学校配付のワークを想定しています）。

あえて「覚える」という勉強には触れずに書きました。

その理由は、しっかり学校の授業に参加して日々の宿題に取り組めていれば、習った内容を最初に覚え直す必要性は少ないからです。

「解く」がテスト勉強の中心だと印象づけましょう。

このコツを踏まえて、実際に勉強を始めていきます。大方覚えているならば、「覚える」勉強をカットするのは大切な部分です。取り組む演習のページが半分以上マルになる自信があれば、覚える時間はカットして「解く」勉強から、自信がなければ、あらためて「覚える」勉強からスタートさせましょう。

マルつけに関しては、最初ですから1ページずつの頻度で、保護者のあなたがやってあげてください。

マルつけの正しい頻度を伝えるためにも、正しく理解度を確認するためにも、少なくとも最初のうちはあなたがやることをお勧めします（本人にマルつけをさせると、正確性に欠けていたり、直して○にしたりすることもあります）。

さて、ここからが本番、**一番大切で、一番本人のストレスがたまる「誤答の確認パート」**へと進みます。**×を○にするために取り組む最重要パートですね。**

まずは**「解答・解説」**を本人に確認させましょう。必ずしも全問すべて理解できる必要はありません。**目指す理解度の目安は「目標の点数＋10％」でOK**です。

「解答・解説」と真剣に向き合えたかどうかの確認は、**誤答を口頭で説明**してもらってみてください。人に説明ができれば、理解できている証拠です。

この流れでテスト範囲1回目の演習を終えたならば、**ミスの数を数えます**。

たとえば、テスト範囲の演習200問中で50問ミスがあったとします。

この**ミスの数を2回目の演習で半分以下**にすることを目指して取り組んでもらいましょう。再演習で全問正解になることなど、基本的にはズルでもしないかぎりありません。同じミスを重ねたり、1回目で合っていた問題を間違えたりしながら、2回、3回と取り組んでミスの数を減らしていく流れですね。

2回目の演習の際、前の項目で取り組んだワークのコピーが活きてきます。テスト範囲のコピーをホチキス留めして、1回目の演習で間違えた問題にチェックをつけて、2回目の演習をスタートさせます。

ここまでお子さんと一緒に取り組んで、**「こうして目指すレベルまで誤答を減らしていく一連の流れがテスト勉強だよ」**と伝えることができたならば、ひとまず勉強の進め方の指導は終了です。

ここで紹介した勉強の進め方に関しては、これまでの私の著書『［くにたて式］中学勉強法』『［くにたて式］中間・期末テスト勉強法』（ともに大和出版）でさらに詳しく掘り下げて書いていますので、参考にしていただければと思います。

テスト勉強の流れ――『[くにたて式]中学勉強法』より

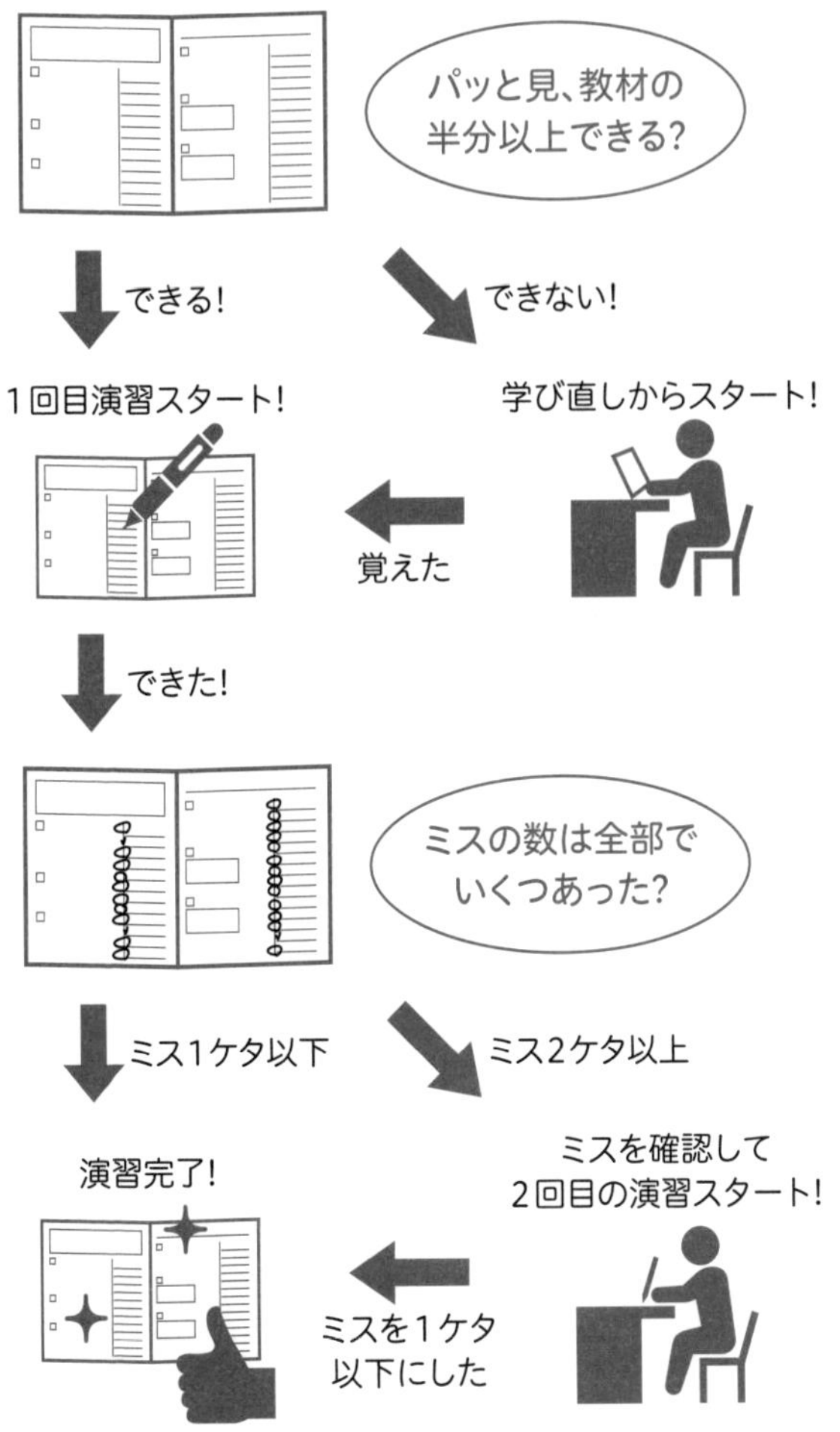

✿正しく取り組めているかをチェックするときの視点

正しい勉強法を伝えることができたから、あとは本人に任せればいいかというと、そうではありません。知らぬ間に取り組み方が変わってきてしまったり、緩んできてしまったりすることが多いので油断は禁物です。

しばらくしてから、実際に正しく取り組めているかをチェックしていきましょう。

今までは勉強の取り組み方を子どもに任せていたという家庭であっても、取り組み方を一度チェックしてみることをお勧めします。

正しく取り組めているかどうかをチェックするのは、ダイエットの成果が出ない理由を探るのと同じくらい簡単です。

ダイエットの成果が出ない理由は「運動の仕方が悪い」「運動量が足りない」のどちらかですよね。

勉強も同じです。**勉強の成果が出ない理由も「勉強の仕方が悪い」「勉強量が足りない」のどちらか**です。ここを確認していきましょう。

「×を〇にするために問題を繰り返し解く」がテスト勉強のコツですから、これに沿ってやれているか、各教科でテスト勉強で取り組んだことを本人に聞きます。

ここで**「覚える作業」が勉強の大半であることが判明すれば、勉強の仕方が悪い**ということです。解いていないので×が○になっていきません。

問題演習が1回だけで終わっていたら、勉強の仕方が悪くて勉強量も足りないということです。1回目の演習は×と○を分けただけなので、勉強したとは言えません。

また、**繰り返し演習に取り組んでいながら、2回目の演習でミスが減っていない場合も、勉強の仕方が悪い**と言えます。繰り返すことに意識がいってしまい、×を○にするというところに意識が向いていない証拠です。解答・解説と向き合っていません。

あと、テストの点数と問題演習時の正答率が大きく離れているときは、**演習時にズルが入り込んでいる可能性が高い**です。ズルの意識がなくても、教科書を見ながら解いたとか、不安なところについて解答をチラチラ確認しながらやったとか、×と○が正しく分けられていないことが原因ですね。

私がこれまで指導をしてきたなかで、勉強の成果が出ない子は、だいたい今紹介した理由が当てはまります。

ぜひ取り組み方のチェックをしてあげてください。

4

ワークの進捗チェックが「勉強のペース」を築く

●これだけはしばらく続けたほうがベター

さて、勉強の一連の流れをお子さんと一緒に確認して、正しい取り組みを指導したとします。ここからは少しずつ手を放していきましょう。

どれだけ手を放すかは、お子さんがどれだけ教えた内容をやれているかによりますが、正しく取り組めているパートから本人に任せていくことをお勧めします。

1つひとつ本人に任せていって、手を放していったその最後、**「ワークの進捗チェック」**だけはしばらく続けられるといいですね。

前の項目で書いた通り、「×を○にするために問題を繰り返し解く」ことが勉強のコツです。したがって、いいペースでワークでの問題演習が進んでいるのかどうかということがとても大切になるので、**テスト前に数回チェック**してあげましょう。

ちなみに私の塾では、**「テスト7日前に5教科のワークをテスト範囲まで（習った**

ところまで）やり終える」というチェックを実施しています。

ラスト7日間を×を○にするための繰り返し演習に充ててほしいからですね。

生徒の学力を問わず、このルールです。高得点を目指す子に関しては、この点検スケジュールを前倒しして10日前とか14日前とかでチェックを受けることを可としています。

「いいね！　この調子で2回目の演習に入ろう！」

「まだ数学が終わってないの？　急いで今からやっちゃおう」

「英語は2回目の演習も終わった？　すごい！」

マラソンの給水ポイントでランナーを待ち受けるコーチのように、本人に応援の声をかけてあげてください。

この「ワークの進捗チェック」が、理解度の確認とともに勉強のペースメイクの役割を果たします。

すべて本人に任せて勉強をするようになっても、ワークの進捗チェックだけは継続して実施することをお勧めします（「ワークの進捗チェック」に関しても、詳しくは『［くにたて式］中間・期末テスト勉強法』をご参照ください）。

5

暗記のチェックは「口頭テスト」が最適！

無償で継続的に手伝えるのは親だけ

引き続き、保護者が手伝いやすいテスト勉強時の場面を紹介します。暗記できたかどうかの**「口頭テスト」**は、まさに保護者にこそしてほしいサポートです。

言ってしまえば、自分で紙でテストをして確認すればいいのですが、**口頭テストは書く手間がいらないうえに所要時間も短くてすむ**からです。

また、人と話しながらクイズのように確認できるので、ちょっとした息抜きの要素も兼ねるため、とても魅力的な勉強法だと言えるでしょう。

とはいえ、この勉強法には大きな短所もあるので、私の塾では口頭テストを禁止しています。

理由としては、テストを出す側はその間、全く勉強になりませんし、出題してくれる友だちとワイワイしたいだけの生徒もいるからです。

こんな短所をもつこの勉強法ですが、口頭テストをする側が保護者になると、話が違ってきます。なぜなら、**保護者は子どもの成績アップを願っており、勉強の手伝いのために時間を割くことがマイナスにならない存在**だからですね。

覚えたかどうかの確認を短時間でしたい子ども本人と、成績アップを願って手伝うことをいとわない保護者の利害関係が一致。

まさにウィンウィンの関係です。

「口頭テストで確認したほうが早いっていう場面があったら手伝うから言ってね」

と、お子さんに協力の意思を伝えておきましょう。

また、口頭テストがふさしい場面であれば、声をかけて口頭テスト役に立候補するのもお勧めです。教科で言うと社会であったり美術であったり、暗記要素が強い教科は口頭テストが効果的です。

「それは口頭テストのほうが早いしラクだよ。覚えたら確認してあげるから、もっておいで」

と、あなたからお子さんに提案できるといいですね。

お子さんから声がかかるうちは、時間が許すかぎり、ぜひ手伝ってあげてください。

6

「副教科の勉強」は可能なかぎりサポートしよう

塾でも対応しづらいのが副教科の勉強

保護者の手を貸していただけたら助かる勉強をもう1つ紹介します。

それは、**「副教科の勉強」**です。実際、成績上位5%の家庭へのアンケートでも、副教科のサポート実施は多かったというのが私の実感です。

その理由は、副教科の勉強は主要5教科の勉強と違って、取り組みにくい部分があるからでしょう。

ワークが用意されていない教科が存在していることもあり、**「これ、どうやって勉強したらいいんですか？」**と困ってしまうケースが多いのが副教科なのです。

また、担当の先生によってテスト範囲や出題形式がバラバラなのも副教科の特徴。

そのため、塾でもテスト対策がしづらく、副教科の勉強は本人に任せてしまうことも多いというのが実情です。

親子で確認した一連の勉強の流れに沿いにくく、取り組みに工夫が必要。塾でのサポートも期待薄。

こんな状況だからこそ、副教科については、慣れてくるまではテストの範囲表を見ながら勉強の仕方をアドバイスしてあげてください。

たとえば、ワークがある教科。主要教科のように**ワークのコピーをしておいて、複数回、演習する**といいですね。

たとえば、ワークがない教科。**チェックペンを使って、覚えたい箇所を教科書に塗りまくり、赤シートをかぶせて利用する**といいですね。

また、授業中に配付したプリントから出題するということがあるのならば、**プリントの形式によってコピーかチェックペンかを使い分ける**といいですね。

教科と出題形式を踏まえて勉強方法を使い分けることを目指しましょう。

なお、副教科についてはテスト対策用教材として市販教材が販売されていますし、通信教材も用意されているので、こういったものを利用しての勉強も一案です。

いずれにしても、副教科についての勉強の流れを理解するまでは、ぜひ並走してあげてほしいと思います。

7

「勉強のご褒美」は善？ それとも悪？

◎私の意見が180度、変わった理由

あなたは、お子さんが勉強で頑張ったときにご褒美をあげることに関して、どう思いますか？

「反対！ 勉強は自分のためにすること！ 見返りがないと頑張れない子になったら困る！」

じつは私も、塾の先生になったばかりの頃は、そのように思っていました。

しかし、途中で意見が変わったのです。私の意見、声を大にしてお伝えしますね。

「賛成！ ご褒美がマイナスになっている子など、長年指導してきて会ったことがない！ むしろ、成績がよくなる生徒ばかりを見てきたぞ！」

反対派の「勉強は自分のためにすることで、ご褒美のために頑張るなんて、あるべき姿ではない」というのは、きわめて正しい意見です。

しかし、今すぐには役立たない勉強を頑張るのは、本当に難しいのです。今すぐには困らないダイエットを頑張るのが難しいのと同じようにです。

その意味で、**「将来」役に立つ勉強を「今」頑張るために、「今」の気持ちを高めるべくご褒美設定をするという作戦は、きわめて優れている**と、今の私は考えています。

成績上位5％の家庭の多くがご褒美設定をしている

この思いを強くしたのが、繰り返し紹介している成績上位5％の家庭のアンケート結果です。「やる気を高めるために行った取り組みとして、ご褒美設定をしている」と答えてくれた家庭の多いこと多いこと！

もちろん、「勉強の意義や将来のことを話してやる気を高める」という意見もありましたが、それらを大きく超えて、ほとんどの方がご褒美の設定をしていました。

ご褒美の内容はさまざまでしたが、**「趣味の費用を援助」**というのが目立ちました。

具体的には、**「ゲームのカード」**だったり、**「アイドルの推し活動支援」**だったり、**「マンガ」**や**「服」**だったり。

なかには、**「1日のゲーム制限時間の延長」**というご褒美もありました。

趣味に直結しているので、ご褒美が手に入った後の喜びが頭に浮かびやすいですよね。

何よりも、このご褒美の設定をしているときに、親子で話す場面も楽しそうです。子どもの好みに合わせたお勧めのご褒美だと言えるでしょう。

また、もっとシンプルに**「ご褒美は現金」**という家庭も多くありました。使い道を本人が自由に決めることができるのがいいところですよね。

各教科の点数ごとに設定されていたり、学年順位で設定されていたりしました。

◎家族ならではのご褒美設定もお勧め

日々一緒に生活をしている家族だからこそ、**「食事」**がご褒美になっている家庭もありました。これまた、とてもいいですよね。

たとえば、目標を達成したときに、本人が希望する外食に行くことにしているという家庭がありました。家族全員が楽しめて、素晴らしいご褒美です。

もっとも、この食事のご褒美については、結果に応じてというよりも、テスト終了を労う**「打ち上げ」**のような意味合いで設定している家庭が多かったです。

テスト終了日は本人の希望するメニューで夕食をつくったり、家族で焼肉を食べに行ったりといった感じです。

こうして食事をご褒美にすることで、定期テストが家族全員で楽しめるイベントに化けるだなんて、素敵ですよね。ぜひ真似してほしいと思います。

- テスト後はリクエストメニュー実施。結果がよくても悪くても「頑張ったから、お疲れ様会」ということで「リクエストにお応えします！」と。ハンバーグやコロッケなど、いつものメニューもありましたが、デザート系だったり、外食したりもしました。食いしん坊家庭にはお勧めです。　愛知県　Hさん
- テストが○点以上だったら、ご褒美で○○へ連れて行く、といったご褒美作戦。ご褒美は、親子で相談して決めていました。あまり物欲がないので、モノやお金ではなく、お出かけがご褒美になることが多いです。　岐阜県　Uさん
- ときにはニンジンをぶら下げることも必要だと思います。ほしいモノがあったときに目標を掲げ、達成率によって全額出してあげるとか半額出してあげるなど提案したこともありました。ただし毎回ではなく、やる気や目標を失ってきたタイミングなどがいいと思います。　神奈川県　Sさん
- テストで学年1位になったら家族で焼肉に行きます（周りもＨＡＰＰＹになるご褒美を、と上の子が提案してきました）。　愛知県　Sさん

8

一緒にテストの反省をして改善策を考える

◎「次」につながる振り返りになっているか?

無事に一通りテストが終わり、結果が返ってきたならば、問題と答案と成績表を本人に見せてもらいましょう。

これは、親子関係がどんな状態であっても、必ず実施すべきです。

実際、このテストの反省に関しては、成績上位5％の家庭のアンケートでも、ほとんどの家庭で実施していました。

まずは、本人に反省の弁を聞いてみてください。

「理科がよかった」とか結果の感想を話し出す子もいますが、**「次に活かせるように、今回のテスト勉強についてよかったことも悪かったことも確認すること」**と教えてあげて振り返ってもらいましょう。

しっかり振り返ることができていて、改善するための手段も考えてあればいいですよね。

「その反省に沿って、次も頑張って」と伝えて話を終えることができます。

それができていなければ、一緒に振り返りをしてあげてください。

あるいは、本人が考えた改善策が効果のなさそうなときも一緒に改善策を考えてあげてほしいと思います。

誤答の内容を分析してみよう

さて、ここであなたにぜひ行ってほしいことをお伝えします。

まずは、**問題と答案をじっくりと見て、誤答の内容を確認する**というサポートです。

これは保護者1人でできますからね。時間が許せば、必ず取り組んでみてほしいことです。

具体的には、**「テストでのミスの傾向」**を確認するのです。

ミスの傾向がわかれば、次回の改善につなげることができますからね。

見るポイントはいろいろありますが、一番確認してほしいのは**「ワークに出題されていたパターンの問題なのに解けていない問題」**です。

あらかじめワークで練習できた問題が解けていないのは大問題です。練習時にミスすることがなかった問題ならば、なおさらのこと。こういうできるはずだった問題を間違えるということをなくすようにすることが大切です。

逆に、１００点を阻止するような難問とか、ワークに載っていなかったパターンの問題は、正解できていなくても不思議はありません。練習していませんからね。

解けなければいけない問題の誤答と、解けなくても不思議ではない問題の誤答を確認し、答案を見ながら本人と次のテストに向けて相談できるといいでしょう。

最終的な目標を忘れてはいけない

テスト自体の反省まで終えたならば、最後にこのテストへ向けた**「親子の協力体制の反省と見直し」**をしていきましょう。

「お互いがいい形で快適に協力して取り組めた！」というのであれば、**「次もこの調子でいこう」**という会話で終えればいいでしょう。

しかし、実際には、そうではないことも多々あります。

つい先日も、私の塾で中1の子どものサポートをしているお母さんから、「社会のテストがよかったのはママのおかげ。次のテストも手伝ってほしいなぁ」と子どもが言ってきたという話を聞きました。

これは、とても喜ばしい理想の展開のように見えますよね。

ところが、お母さんいわく、「テスト週間に入ってから、毎日2時間近く一問一答につき合わされました。正直なところ、あれが毎回はシンドイです」とのこと。

状況としては、子どもが親に少し依存してしまっている状況ですよね。「ママに手伝ってもらえると、楽しいしラクだし点数もとれるし」という甘えが多少あるかなと。

私はお母さんに、**「その思いを子どもに正直に伝え、手助けをする頻度や時間を制限する話し合いをもってください」**とアドバイスしました。

また、あるときはブログの読者から、「家で娘に指導をしているときの娘のイライラする態度がひどいんです！」という相談が届いたこともあります。

家族なので、遠慮なく感情を爆発させているのでしょう。

こちらのお母さんにも、**「『態度がひどければ教えない』と、毅然とした対応をし**

てください」とアドバイスしました。

なお、子どものほうからのリクエストを受け付けられるように、**「『次回のテストのときには、もっとこうしたい』ということとかある？」**と聞いてあげるのも効果的です。

どうしても保護者のほうが主導権を握りがちですからね。努めてフェアに話し合いができるように進めてください。

「スケジュールは自分で決めたい」「わからない問題は教えてほしい」「マルつけを手伝ってほしい」などと具体的な要望があがってくるといいでしょう。

せっかくの親子の協力体制です。毎回話し合いをもって、ぜひいい形を模索してください。

そして、親子の協力体制についてのこんな反省が、あらためて**「自立して勉強ができるようになることを目指しての協力体制」**であるということを確認する機会にできるといいですね。

第5章

学校や塾とはこのように関わっていこう

この章では、学校や塾とのつき合い方についてお話ししていきます。実際に通うのは子どもではありますが、保護者の関わりも大切になってくるところです。

信頼関係が築けたならば、先生方がわが子の頼もしいサポーターになってくれますからね。

いかに学校や塾といい関係でつき合っていくか？

私が今まで見てきた素晴らしい保護者の立ち振る舞いと成績上位5％の家庭のアンケート結果をもとにお伝えしていきます。

また、塾の選び方についても、私自身がこれまで選ばれる側として感じてきたことを詳しく説明していきますので、楽しみに読み進めていってください。

1

学校も塾も先生との友好関係が大切

応援してくれる人をどう増やすか？

この章では、学校や塾とのよりよいつき合い方を見ていくわけですが、一言でそのコツを言うならば、**「わが子を応援してくれる人を増やす」**ということです。

あなたも、社会に出たときに肌でひしひしと感じましたよね。

1人で出せる成果には限界があって、周りの人たちと協力ができたときに大きな成果を出すことができるということを。

これは、子どもの勉強サポートでも同様です。保護者だけでわが子を応援するよりも、関わる周囲の大人たちにも一緒に応援してもらえたときのほうが大きな成果を出せるのです。

ぜひ、学校の先生、塾の先生にわが子の応援サポーターの一員になってもらうことを目指してください。

協力することで大きな力を得よう！

協力、助かります！
1人ならダメでした！
反抗期の
中学生
親
塾
学校

では、具体的にどのようにすればいいのかというと、**「相手を信頼して一生懸命に子どものことを相談する」**ということだと私は考えます。

「信頼しているあなたに力を貸していただきたいのです」とお願いされて、「何とかわが子を成長させたいのです」と一生懸命な姿を見せられたならば、たいていの先生は**「応援してあげたい」**と感じるはずです。

子どもを見てくれている先生には尊敬と感謝の気持ちをもって接し、わが子に関する相談を一生懸命してみてください。

◎困ったときは「相談」スタイルで臨もう

「学校や塾の先生と友好関係を結んでいきましょう！」と書いてきましたが、多くの人と関われば、多少の摩擦が起こるのは自然な流れです。

学校で、塾で、困った事態が起こったとき、どう対応すればいいのか？

ここで、その際の立ち回り方を確認しておきましょう。

たとえば、学校で通知表の評価が納得いかないという場面。

通知表を手にした終業式の日に、学校に電話をかけて烈火のごとく怒鳴るというのは、ダメな対応のお手本です。

その後、学校の先生方が親身になって協力してくれる場面はほとんど期待できないでしょう。『北風と太陽』の寓話の通り、**相手に動いてほしければ、冷たい風を浴びせるのではなく、暖かい日差しを向ける**ことが大切だと思います。

たとえば、こんな感じですね。

「ご相談があるのですが、理科の通知表についてです。

『点数がとれたのに通知表が3だった』と本人が落ち込んでしまって……。

4を目指すうえで足りなかったところを理科の先生に聞いていただき、具体的に教えていただけないでしょうか。

『もっと理科を頑張りたい』と思っているようなので、具体的に頑張らせたいのです。

よろしくお願いいたします」

そう、

「ここからよくするためにこんなふうに考えたのですが、いかがでしょうか？」

というように**相談するスタンス**をとるのです。

塾でも同じです。

たとえば、個別指導塾で担当してもらっている講師との相性がよくないという場面。

「ご相談があるのですが、見ていただいている数学の授業についてです。

新年度から担当していただいている講師の先生の教え方が合っていないのか、『わかりにくくて、よく理解できない』と言うようになりました。

そもそも子どもの理解する力が弱いからではありますが、前学年で見ていただいていた先生のときには『よくわかる』と言っていたので、相性もあるのかもしれません。

そこでご相談なのですが、曜日や時間帯が変わってしまっても大丈夫ですので、可能でしたら講師の先生を変更していただけないでしょうか？

何とか数学もわかる状態にしてあげたいのです。

ご検討よろしくお願いいたします」

と、こんなアプローチをしてみましょう。

相手の気持ちを思いやりつつ、よりよい方向を目指し、「相談」スタンスで一生懸命に気持ちを伝えることです（ちなみに、成績がいい子の家庭ほど、こういった丁寧な相談を早いタイミングでされています）。

困った事態が起こった後というのは、うまく対話することができれば、よりその関係性は良好で強固なものになっていきます。

まさに、ことわざの**「雨降って地固まる」**の通りです。

1人でも多くの人にわが子の成長を応援してもらえるよう、「北風」ではなく「太陽」で振る舞うことを意識してください。

2

懇談会には積極的に参加しよう

家庭外の子どもの様子を知る絶好のチャンス

学校や塾で行われる懇談会――。

この懇談会には、ぜひ積極的に参加してください。

家庭では見ることができない子どもの姿を知る貴重な機会です。

たとえば、思春期に入った男子中学生は、学校での様子を聞いてみても「あぁ」とか「うん」とか気のない返事が多くなります。

わが子からの情報が減ったぶん、懇談会では学校での様子を聞き込みたいところ。

とはいえ、学校の懇談会は5分程度のもち時間です。

相談したいことがたくさんあるときには、**その日のラストの時間帯にしてもらうとか、別日に電話や面談をお願いするとか、コミュニケーションをとれる手段を積極的に探る**ことをお勧めします。

◎学校の懇談会ではこんなことを聞いておこう

ここで、学校の懇談会で聞きたいことを3点、挙げておきます。

- **授業の態度と理解度はどうか**
- **改善すべき点はどんなところか**
- **通知表の評価の疑問点**

まずは、最初の2つについて確認します。おそらく面談の冒頭で先生のほうからその話題について話してくるとは思いますが、もし改善すべき点について話題に出なければ、こちらから話を振って聞いてください。

また、通知表の評価に疑問点があれば、それについても質問しましょう。

具体的には、各教科の**「主体的に取り組む態度」**を評価する欄（授業態度や提出物が評価される欄。次ページの図を参照）をチェックし、評価されていないときは確認をします。これは家庭で把握できない部分ですから、ぜひ懇談会で確認してください。

評価されていないその原因は「授業態度」か「提出物」かそれ以外か？

どこに問題があるのかを把握して、具体的に改善するようにしていきましょう。

通知表の評価について質問しよう！

教科	評価の観点	1学期 観点別	1学期 評定
数学	知識・理解	◎	4
	思考・判断・表現	◎	
	主体的に取り組む態度	○	

テストの点数には現れないこのマスの評価に注目

◆塾の懇談会ではこんなことを聞いておこう

塾の場合、懇談会に用意してくれている時間は学校よりも多少長いでしょう。じっくり話を聞いて、わからないこと、困ることをしっかり質問してください。

学校で聞くべきことと塾で聞くべきことは基本的に同じですが、塾でこそ聞きたいこともありますね。

塾の懇談会で聞きたいことも挙げてみます。

- **授業の態度と理解度はどうか**
- **改善すべき点はどんなところか**
- **具体的な改善方法**

最初の２つは学校の懇談会で聞きたいことと共通しています。

何しろ塾はお金がかかっていますから、より真剣に話を聞きたいですね。子どもの塾での取り組みはお金を払う価値を出せているかと。

そして、３つ目が塾でこそ聞きたい質問です。学校は勉強にかぎらず生活全般を見てもらっていますが、塾は勉強に特化していますからね。

たとえば、こんな具合です。

「国語の点がとれません。具体的にどんな勉強をしたらいいでしょうか？」

「『副教科は勉強の仕方がわからない』と言うので教えてもらえますか？」

「テスト前はずっと教科書をノートにまとめていますけど、いいでしょうか？」

「計算ミスが減らないのですが、具体的にどう練習すべきですか？」

勉強についての質問を、いろいろ掘り下げてしてみることをお勧めします。

◎学校でも塾でも歓迎される質問

学校と塾で共通して聞いてみてほしい質問は、**「私が手伝ったほうがいいことはありますか？」**というものです。

「もしも保護者の力を借りることができるならば、こんなことを手伝ってほしい」ということは、学校でも塾でもあるのではないかというのが私の考えです。

「塾でウトウトすることが最近多いので、早く寝るように家族からも声かけをご協力いただけると助かります」

「宿題のノートを家に忘れてきてしまうことが多いので、しばらく家でもち物の確認をしてもらえませんか？」

「解答を写してしまう癖があるみたいです。ぜひテスト前にワークのマルつけをご協力いただけませんか？　本人にも話しておきますので」

私自身、こんなふうに具体的に保護者にＳＯＳを出して協力を要請することもあります。

もちろん、両親が共働きでそんなに時間がとれない場合もあるでしょうが、そういう面も含めて**家庭と学校・塾が協力していけるといい**と思います。

3

塾選びで失敗しないコツ

家庭学習だけの勉強に行き詰まったら……

中学生になると通塾率が高まってきます。理由は、家庭学習だけでこなせる子が減ってくるから。そして思春期になるに伴い、家族のサポートの難易度が上がるから。

「やっぱり中学生の勉強は家庭学習だけでは厳しいな」と判断したならば、さっそく塾選びを始めましょう。

私も選ばれる側の塾に身を置いて、もうすぐ30年がたちます。そんな私自身の経験と成績上位5％の家庭140名のアンケートも参考にさせてもらって、あなたが間違いのない塾選びができるよう、「塾選びのコツ」をじっくりお伝えしていきます。

押さえておきたい塾選びの基本

まずは塾選びについて成績上位5％の家庭のアンケート結果を紹介しましょう。

塾を利用していた方は、塾を選ぶときに重要視したものをお選びください（複数選択可）

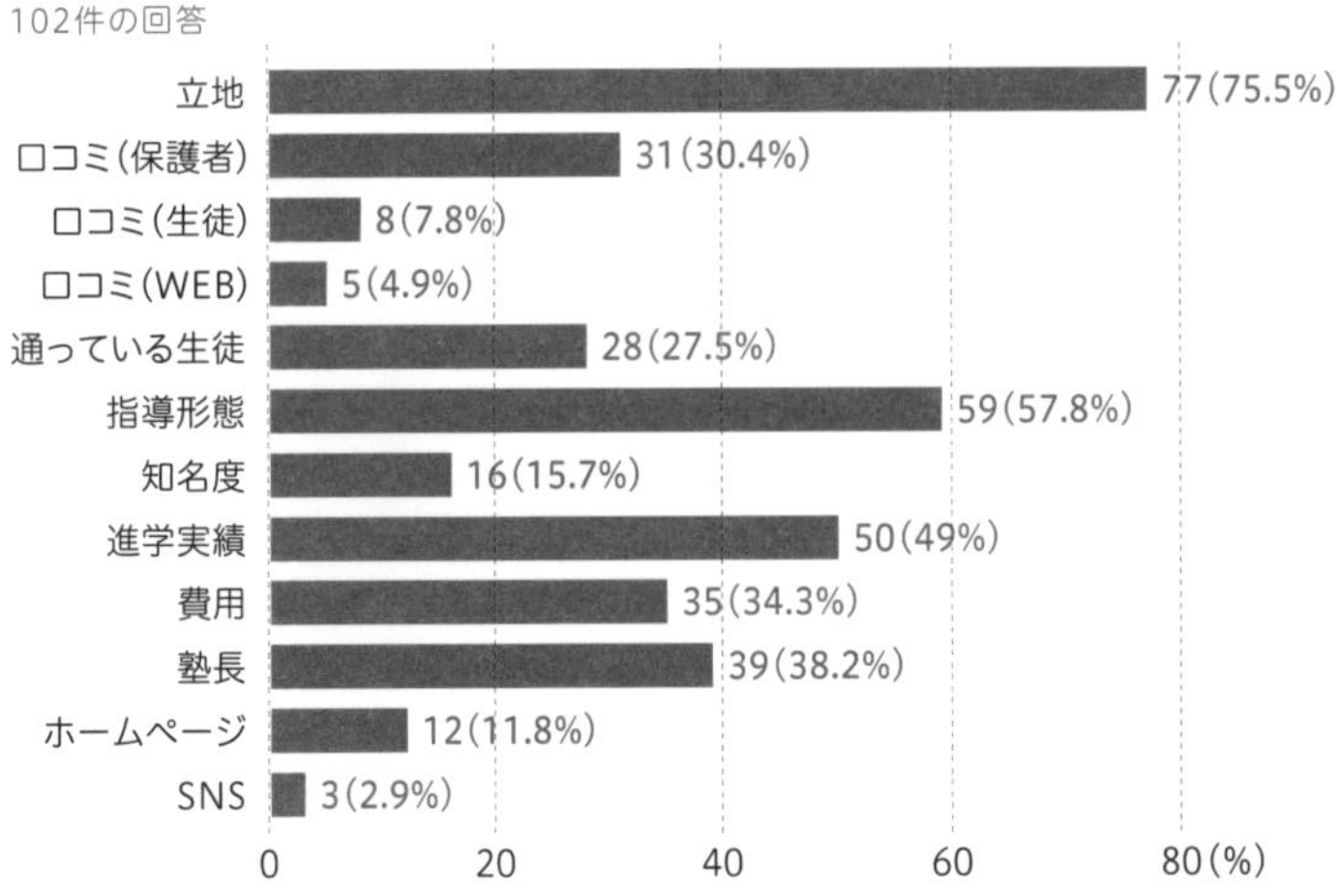

「塾選びで重視している条件」を複数選択可で選んでもらいました。

結果は、上図の通りです。

当たり前の条件は解説を省こうかと思っていましたが、**「立地」**がこんなにも重視されるのかと驚きました。

共働き世帯が多い現在、子どもが1人で通うことができる距離、もしくは保護者の負担がなく送迎できる距離が大切ということなのでしょう。

また、成績上位5％の家庭は、「塾の送迎」に大きな時間を割くことを避けているのかもしれませんね。

塾側からしても、通塾時間が短く送迎なしで来られる距離の生徒のほうが成績を上げてあげやすいというのが正直なところ。自習室完備の塾ならば、なおさらです。その意味でも、「立地」はとても大切です。

指導形態は「集団」か「個別」の2択

「立地」の次に**「指導形態」**が選ばれていましたが、検討する順番としては「指導形態」が先でしょうね。

指導形態は大きく**「集団」**と**「個別」**に分けられます。近年は**「自立」**という指導形態もありますが、大別すれば自立も「個別」に入るでしょう。

「集団」は**「国語の成績が3以上」で勉強への意欲がある子**にだけお勧めします。学校と同じレクチャー形式ならば、情報をキャッチできる能力と意欲がないと無駄が多いからです。

成績上位の子は能力と意欲のどちらも揃っていることが多く、効率的に多くの情報を得ることができるので「集団」に向いていると言っていいでしょう。

また、周りから刺激を受けながらライバルと競い合ったほうが力を発揮する子も、性格的には「集団」が向いていますね。

一方、「個別」は**あらゆるタイプの生徒に対応が可能**です。一昔前は勉強が苦手な子が通う塾といったイメージがありましたが、今や塾業界で5割を超える教室数を誇る指導形態となり、さまざまな成績の生徒たちがやってくるのが個別塾です。**その子の理解に合わせて指導が可能なのも個別塾の大きな強み**です。勉強が苦手な子はもちろん、最上位の子にも対応が可能です。苦手教科だけ指導を受けて、勉強全般は自分のペースで取り組みたいというマイペースな子には「個別」が向いています。いずれにしても、「集団」には向き・不向きがしっかりとありますから、当てはまるかどうかを確認してから検討を始めてください。

「進学実績」はどこまで信用できる？

さて、アンケート結果の上位から順に確認してきました。

次に多くの方が条件に入れていたのが**「進学実績」**です。これはアンケートをお願いしたのが成績上位5％の家庭であったからという理由も多分にあると思います。結果さえ出ていれば、多少指導システムや先生との相性が不安であっても、優秀な子であれば高い適応能力でクリアしていくだろうという考えがあるのかもしれません。

「生徒の学力層がわかる」という意味では、大切な要素の1つではあります。

最上位校を目指すときには参考にしたほうがいいですが、大手塾の競争が激しい都道府県では、各塾の公立最上位校の合格者数を合計したら定員を超えてしまうということも起きています。同じ塾業界の人間としてお恥ずかしいかぎりですが、それだけ進学実績が重視されているとも言えます。

ぱっと見の進学実績だけでなく、実態をよく確認したうえで選んでください。

◎塾選びは塾長選び

立地、指導形態、進学実績と、多くの家庭が塾選びの条件として選んでくれました。たしかにどれも大切ですが、私が実質的に塾選びにおいて一番大切だと思っている条件があります。それは**「塾長」**です。

塾での指導成果は塾長がその塾のなかをどんな空気で満たしているのかで決まってきます。非科学的なことを言うようですが、塾長の**「生徒たちの成績を上げてやりたい！」**という空気で満たされた塾は、成績が向上しやすいのです。

その気持ちが他の先生や生徒に伝播するのでしょう。

言い換えれば、**塾長がどんな考え、どんな意気込みで指導をしているのかという部分こそが最重要**ということです。

私の弟は飲食業界で働いていますが、何十店舗とある飲食店であっても、店の売上げというのは店長がだれなのかで全く変わるそうです。

食べ物を提供している飲食店が店長によって全く成果が変わるわけですから、人と人とが密接に関わる学習塾においては、塾長が大切に決まっているのです。

「塾選びは塾長選び」とは決して言い過ぎではないこと、伝わりましたでしょうか。

ぜひ、わが子の結婚相手を見定めるくらいの覚悟をもって、塾長をじっくりと見ていきましょう。

面談時にはここをチェックしよう

では、具体的に塾長を選んでいきます。大切なポイントは、大きく2点。

「一生懸命に指導してくれるかどうか」と**「わが子との相性はどうか」**です。

まず一生懸命に指導をしてくれるかどうかを探るために大切なのが、アンケートで塾選びの条件に多くの人が挙げていた**「通っている生徒」**と**「保護者の口コミ」**です。

実際に塾へ面談に行く前に、だれがその塾に通っているのかを調べ、その保護者に塾と塾長の評判を聞けるといいでしょう。

「通っている生徒が生き生きしている」「塾長は熱心な人で、しっかり指導をしてもらえる塾みたい」などという話が聞けたならば、通う塾の候補に決定。

成果が100%保証できない塾だからこそ、せめて100%一生懸命に指導をしてくれる塾を選びたいものです。

さて、ここから実際に塾へ面談に行くことになります。面談時には「一生懸命に指導してくれるか」とともに**「相性」**を親子でチェックしていきます。

塾長と対峙したならば、じっくりとその塾長の一挙手一投足を観察しましょう。

「近隣の塾と違う点って、どういう点ですか?」「この塾の弱点って、どういうところですか?」と保護者はいろいろと質問をぶつけて、塾長の反応を見てほしいですね。

無事に口コミ通りの人柄で、子どもの感触もよかったならば、**「体験授業」**を受講。

体験授業を終えて本人の意見が変わらなければ、入塾決定としましょう。

ただし、ここで1つ注意点があります。

それは、せっかくここまでして塾長を選んだのにもかかわらず、大手塾とか何教室もある塾の場合、わが子の高校入試よりも前に塾長の異動の可能性があるということです。

この展開をなるべく避けたいので、塾長を気に入った時点で、面談時に**「塾長はどれくらいのスパンで人事異動があるのですか？」「この教室での指導は何年目ですか？」**といった質問をして、その可能性の大きさを確認しておいてください。

さらに、できれば**「うちの子の入試が終わるまで塾長に指導してもらいたいのですが、その可能性はどれくらいありますか？」**と、いい意味での圧力を塾長にかけておくといいでしょう。

なお、その他の条件については、１７７ページに掲載した**「塾選びのときに重要視した条件のグラフ」**を参考にしてください。

1点加えてお伝えすると、成績上位５％の家庭では、**「生徒本人の口コミ」「WEBの口コミ」「SNS」**は、あまり塾選びの際に参考にされていないようです。

ＷＥＢ上の評判は悪意ある書き込みを防ぎきれないので、信憑性《しんぴょうせい》について不安なのかもしれませんね。この点も踏まえて検討してみてください。

4

入塾してからは、ここに注意しよう

こんなときは、すぐに塾長に相談を！

さて、希望の塾に入ったからといって、学業のすべてが解決するわけではありません。むしろ、ここからが始まりです。

入塾してしばらくは、お子さんが塾から帰ってきたときに塾での様子とか担当の先生との相性とか感想を聞いていきましょう。実際に通ってみて湧いてきた疑問点や不安などがあれば、すぐに塾長に相談してみてください。

「すぐに」という部分が大切ですね。なぜなら、「次の面談時とかに聞いてみようかなぁ」などと言っているうちに忘れてしまうことがあるからです。

子どもにとって「質問」のハードルは意外なほど高い

保護者の関心事項としては、**塾で子どもたちがする質問への対応**についてではない

タイプ別「塾での質問」の様子

君、勉強に疲れたときしか質問に来ないよね？　休憩なの？
意欲　×
コミュ力　○
いつでも来なさい！
質問への対応、いつもありがとうございます！
意欲　○
コミュ力　○
人見知りだし、質問してまで知りたいと思わない！
意欲　×
コミュ力　×
君、テスト直前だけじゃなくて、もっと前から質問においでよ。
意欲　○
コミュ力　×

かと思っています。

多くの塾で質問への対応が可能になっていると思うのですが、保護者としては**「せっかくなら塾で積極的に質問をしてきてほしい！」**と切に願っていることでしょう。

子どもが取り組む問題が難しくなってきて、家庭で対応ができなくなっていたら、なおさらですよね。

しかし、塾での質問というのは、保護者が思うほど簡単なことではないのです。

塾で先生に質問をするには**「意欲」**と**「コミュ力（コミュニケーション力）」**が必要になってきます。

たとえば、両方とも揃っていれば、いつでも質問可能です。また、「意欲」は低くて「コミュ力」が高い子は、質問可能だけど、したくありません。「意欲」が高くて「コミュ力」が低い子は、意欲の高まりが大きいときだけは質問に来ます。最後に、どちらもない場合は、いくら保護者が指示をしても質問には来ません。

いかがでしょう? お子さんは4つのうち、どのポジションにいるでしょうか?

いずれにしても、「意欲」と「コミュ力」のいずれかがあれば質問をすることが可能になります。ですから、もしもお子さんがどちらの要素も低いというのであれば、どちらかを高めて質問できるようになる可能性を上げてください(とはいえ、コミュ力は簡単には高まりませんから、意欲を高める努力をすることになると思います)。

◎個別指導塾の「講習会の受講料」にご用心

個別指導塾で、入塾時に気をつけてほしい点を1点、お伝えしたいと思います。

それは、**「入塾時の説明なしで、季節講習時に通常授業の10倍を超える値段の授業数を提案されることがある」**という点です。

残念ながら、「個別指導塾は、その生徒に合わせて授業回数を調整できる」という利点を逆手にとって、暴利をむさぼる塾が一定数、存在しています。

具体的には、「入塾時の説明なしで」「将来への不安をあおって」「先生という立場を利用して」「生徒のキャパシティオーバーも承知のうえで」「ふだんの10倍を超える回数（金額）の季節講習受講を迫る」ということがあるようです。

夏期講習ともなると期間が長いですから、20万円、30万円は当たり前で、ときには50万円を超える受講提案があるとのこと。

「50万円なんて無理です」となれば、「では、20万円ではどうですか？」という再提案をされて渋々決着。冷静に考えれば、ふだんの授業料の10倍の費用を払うハメに。

ここでは、**最初に高い金額を提示して、そこから下げることで交渉をまとめる「ドアインザフェイス（譲歩的要請法）」という交渉テクニック**が使われています。

また、そもそも保護者は、「先生」と名のつく職業の人の言うことには反対しづらいですよね。そこにもつけ込まれているのです。卑劣なやり口ですよね。

この事態を避ける作戦は、**「入塾時に季節講習の金額の目安を確認する」**です。

費用の目安が入塾案内に明記されていなければ、**「季節講習の金額の目安はどれくらいですか？」**と必ず聞いてください。

そして、塾長の返事で判断をしましょう。

しっかりと講習費用についての説明があり、金額と内容に納得できたならば、いくら高額でも問題はありません。「価値のあるものは高価」だというだけの話です。

逆に、先方の眼が急に泳ぎ出して、「えーっ……。個人個人で必要な学習量が違うので……」と早口で要領を得ないことを言うようであれば、その塾はあやしいのでやめておきましょう。

入塾時に確認するだけで防げる事態ですから、必ず聞いてみてください。

◎進学塾の「最上位校への誘導トーク」にご用心

集団指導塾は、個別指導塾に比べたら費用面でおかしなことはあまり起こりません。指導も費用もクラスの生徒一律だからですね。

ただし、**上位校を目指すときだけ、少し気をつけてほしい点**があります。

塾の選び方のところでお伝えしたように、塾の「進学実績」というのは塾選びで参考にされやすい項目です。

したがって、**自分の塾の生徒に、よりレベルの高い高校を受験してもらえるように**

先生が誘導することがあります。これに注意してほしいのです。

とくに、その都道府県で大きな規模で進学実績を掲げて最上位公立高校を目指すような塾は要注意です。頻繁に最上位校受験への誘導があるでしょう。

もちろん、だれでもというわけではなく、合格の可能性がある生徒に声をかけます。たとえば、学力がいい線までいっているのに「近場の2番手校がいいや」と親子で納得しているような場合は、きっと最上位校の受験を勧められることでしょう。

塾として最上位校の合格者を1人でも多く出して実績をつくりたいというのは、大手塾の偽らざる本音です。

だから全精力をかけた説得がなされるわけですが、これは決して悪いことではないとは思っています。

やはり最上位校だからこそのメリットというのは、生徒にとってもあるからです。

私が言いたいのは、**「塾の先生が言っていることは全部本当だけど、その説得の熱量の理由は塾にとっても都合がいいからだよ！　そのへんは考慮して、事実だけを受け止めて、冷静に学校選びをしてね！」**ということです。

◎塾が合っているかどうかを判断するポイント

さて、塾に入ってしばらくがたち、定期テストを迎えて結果が出ます。テスト結果に思うような変化がなかったときには、こう思うのではないでしょうか？

「はたして、この塾でいいのかな？　子どもに合っているのかな？」と。

私自身、歯医者や整体などに行くたびに、そんな不安に襲われます。「ここでいいのかな？　よくなっているのかな？」と。歯医者も整体も数値で成果が出ませんからね。

その点、塾はわかりやすいです。

中学生なら、テストの点数や学年順位などの数値でバチッと成果が出ますからね。

ただし、**塾で成果が出せているかどうかは、最低でも定期テスト２回分、様子を見てください。**

なぜなら、入塾して勉強の取り組み方が変わってから、その指導に慣れてくるまでの時間もあるからです。

１回目の定期テストを終えて、結果に変化が感じられなければ、子どもと一緒に反省をしたうえで塾の先生に相談するのもいいと思います。

たとえば、こんな感じです。

「入塾して間もなく、まだ取り組みがなじんでいないのか、うまく結果につなげることができませんでした。

子どもとは『この形で引き続き頑張ろう』と話していますが、**先生から見て、次回のテストで結果を出すために取り組むべきこと、足りないところなど、具体的にありますでしょうか？**

アドバイスをいただけるとありがたいです」

自分の意見も添えながら、相談ベースで聞けるといいですね。

大切なのは、**どこに問題があるのかを冷静に判断する**ことです。

うまく結果が出せていない原因は塾側にあるのか、子ども側にあるのか、それをしっかり見極めるのです。

原因が塾にあれば、塾を変えることを検討しましょう。原因が子どもにあれば、塾と相談をしながら、できることをやっていきます。

こんなにキレイにスパッと割り切れることばかりではありませんが、テスト結果と学習状況の両方を踏まえて、塾が合っているかどうかを判断してください。

5

塾や部活のスケジュール調整はこう進めよう

コミュ力の高い子ならいいけれど……

学校や塾、部活のスケジュール調整——。

基本的に、これについては保護者の出番だと私は考えています。

たとえば、夏休み中にある部活の練習試合の予定と塾の勉強合宿が重なったとします。

ここに**「いずれかの予定を選択して、参加しないほうに事情を話す」**というミッションが生まれますよね。

こんなとき、もしも子どもが高いコミュニケーション力を身につけていて、部活の顧問や塾の先生と信頼関係を築けているならば、保護者の出番はありません。

しっかり事情を説明して頭を下げるようにと指示をするだけでOKです。

「練習試合の日に塾の勉強合宿が重なってしまいました。

○○高校へ進学するための学力がまだ身についていないので、勉強を優先したいと家族で相談しました。

チームに迷惑をかけることになりますが、その日の練習試合を休ませてもらえませんでしょうか」

こんなふうに自分の思いと相手の思いをくみとって、感情を乗せて直訴できればいいのですが、必ずしもそれができる子どもばかりではありません。

口数少ない男子中学生ならば、表情も硬く、伏し目がちにボソッと、

「先生……。練習試合の日……。塾の合宿があるので行きません」

となってしまいそうですよね。

「行けません」を「行きません」と言ってしまうのです。

この一文字の重みたるや、どれだけのものか。

「うちの子ならありえるわ」とイメージが湧くならば、どうぞあなたが出ていってスケジュールについての相談をしてあげてください。

◎家庭の方針を伝えて相談してみよう

ちなみにスケジュールの調整に関しては、**「家庭の優先方針」**を最初に先方に伝えるとスムーズにいきます。

私の塾でも、あるお母さんから、

「家庭の方針でスポーツの習いごとを優先させたいと思っておりますので、週末の自習には参加できません。申し訳ありませんが、また週明けからよろしくお願いいたします」

という連絡が入ったことがありました。

家庭側も塾側もその方針を踏まえて話をすればいいので、スッキリしますよね。

何か不具合が起きたときも、相談をするときの基準が明確です。

スケジュールの調整をするときは「家庭の方針」を先に伝える——。

ちょっとしたことですが、これで無用な摩擦を避けることができますから、ぜひ参考にしてほしいと思います。

第6章

こんなとき、どうする？ 親から寄せられた質問TOP10

この章では、これまで私のところに保護者の方々から寄せられた質問のなかでも、とりわけ多かった10の質問についてお答えしていきます。

あなたのモヤモヤが少しでも解消されることを願っています。

また、最後のほうの質問項目に、読者限定ＷＥＢページへの説明とＱＲコードを掲載しました。

ここだけの話、ＷＥＢページに掲載した膨大なデータを見るだけでも、この本の価値は充分にあるものと確信しています。

ぜひ参考にしてください。

質問 1

フルタイムで働いているため、なかなかサポートできずに困っています。

①できる時間にやれることをする

ここまでを読んでいただいて、「そんなにサポートする時間、うちにはないわよ。どうしたらいいの?」と思った保護者にお返事したいと思います。

これまで書いてきたサポート内容は、専業主婦（夫）の方の取り組みもありますが、もちろんフルタイムで働いていらっしゃる方の取り組みも含まれています。

家庭の状況に合った取り組みを、うまく取り入れて実行してみてください。

たとえば、勉強中の直接のサポートは子どもの予定と合わないこともあると思いますが、進捗の管理とかは勉強をしている最中である必要はありませんからね。

家庭ごとのライフスタイルに合わせ、やれる範囲でサポートしていきましょう。

②家事を手伝ってもらう

学習サポートに時間を使うという意味も込めて、子どもに家事を手伝ってもらうのも一案かと思います。

親子で協力したほうが力を発揮できる学習サポートがあるならば、その時間を捻出するためにも、子どもでも容易に実行できる家事を手伝ってもらいましょう（このためというよりも、小学生の頃から手伝ってもらえると、よりスムーズでしょう）。

③民間教育の力を借りる

「できたら、もう少し勉強を見てあげられるといいな」となれば、ぜひ私たち塾のような民間教育に声をかけてください。

自習室が完備しているうえに、日々ラクに通えるくらいの近い立地の塾を選んで、子どもの勉強部屋代わりに使ってもらうのもいいかと思います。

お金がかかってはしまいますが、正しい勉強のフォームを身につけることができます。

選択肢の1つとして覚えておいてください。

質問 2

子どものサポートをしたいけど自分の学力に自信がありません。

①生活の基礎部分を整えることに専念する

いつまでもわが子の学習サポートができる保護者は、ほんの一握りです。

多くの保護者が、どこかのタイミングで**「学力的に」**という理由もあって学習サポートを終えることになります。

力になってあげられそうなうちは学習サポートをしながらも、**「そろそろ自分でサポートをするのは限界」**というタイミングが来たならば、これまでも実行していた「生活の基礎部分」を整えるサポートに専念してもらえたらいいと思います。

独立して家を出ていくその日まで、健康な身体と生活習慣をプレゼントし続けてあげられたならば、子どもにとっても、こんなにありがたいことはありません。

②子どもと一緒に勉強をしていく

「教えてあげるのは、そろそろ学力的に難しくなってきたな」くらいのところまで来たならば、「子どもと一緒に勉強をしていく」というのも作戦の1つです。

わからないところを子どもに説明してもらうといいでしょう。

「人に説明をする」という行為は最高のアウトプット学習で、よく理解していないと実行することができません。

子どもの理解度を見るためにも、自分がわからない問題や、理解度を確認したい問題は、あえて子どもに説明してもらうといいですね。

③民間教育の力を借りる

「粘ったけど、そろそろ限界」となったなら、やはり塾にお声かけください。

学習指導は塾に任せて、生活全般については引き続き、保護者のあなたが担当するのです。

子どもと保護者と塾のトライアングルを大切にして、協力して進めていきましょう。

質問 3

子どもが反抗期の真っ只中で会話できないときは？

①間接的なサポートに徹する

この本を書きながら、反抗期の真っ只中の塾生の家庭を思い浮かべてしまうことがありました。「あぁ、あの子の家庭には、どうやってこの本で書いている学習サポートを実践してもらったらいいだろうか？」と。

あらためて成績上位5％の家庭の親子関係を確認すると、お互いが自立している**「親さばさば子さばさば」**という関係性が5割です。そして、反抗期中の親子は、おそらくここに分類されますよね。

つまり、基本的には**「保護者1人で取り組む間接的なサポート」**に徹していくことがいいのではないかと思うのです。

保護者が1人で取り組むサポートとしては、まずは子どもの成績の把握、そして本人に拒絶をされないかぎりは春先にワークのコピーなどに取り組むといいでしょう。

②子どもとコミュニケーションがとれる人の協力を得る

たとえば、母が子どもと衝突して折り合いが悪いとなれば、コミュニケーションが円滑にできる他の家族に頼ってみるのもいいでしょう。父の出番かもしれませんし、兄弟の出番かもしれません。

「その子に頑張ってほしい」という願いは家族共通のはずです。

周りの家族と協力してサポートをしていけるといいですね。

そして、あまりにも繰り返しになるので表現を変えてみましたが、それでも家庭内で解決できなかったら、**「塾」**を頼るようにしましょう。

血のつながった家族からの言葉ではなく、**第三者からの言葉でないと素直に聞けないこと**というのは、やはりあるようです。

実際、この第三者の力を知っている保護者から、**「次の模試を受けてみるように、うちの子に話してみていただけませんか？」**と依頼されることも多々あります。

もちろん、私でも説得に失敗することはありますが、こうして子どもとの直接対決の場面を避けながら、周りの方々とタッグを組んで見守りたいですね。

質問 4

子どもが全然勉強に気が向かないときは？

①勉強を歯磨きのような日常習慣にする

せっかく子どものサポートをしようと思っても、**「子どもが全然勉強に気が向かない」**という場合も多々あることでしょう。「暖簾に腕押し」とは、まさにこのことです。

中学生にとって今すぐ役に立つわけではない勉強に気が向かないのは、考えてみれば自然なことです。この前提を踏まえながらも、「より多くの人の役に立って、この先、幸せに生きていけるように」と取り組むのが勉強です。

その意味で、**「勉強とは『歯磨き』に似ているなぁ」**と感じています。

別に「健康に生きるため、長くご飯をおいしく食べるため、口臭予防のため、歯を磨くのです」という説明をしなくても、「いいから毎日歯は磨くの！」と言うだけで習慣となってきていますよね。

それと同じ感覚で、勉強も必ず毎日、同じ時間にするように導くのです。義務教育が終わるまでは、歯磨きのように**「いいからやるの！」**で押し切るのです。

気が向くようになる日を信じて、勉強を日常習慣に育て上げましょう。

②小さな成功体験を積ませる

基本的に、知らないことを知ること、わからないことがわかることというのは楽しいものです。理解できることが増えていき、わかりやすく数値で成果が出せたならば、自信もついていきますよね。

目標を細かく小さめに設定して、どんどん小さな成功体験を重ねるようにして、勉強への気持ちを高めてあげましょう。

③「目指すべき進路」を示す

私は、勉強への気持ちを高めるのに、「目指すべき進路を示す」ことも大きな力を発揮することを指導現場で見てきています。

前の章でもお伝えしましたが、一緒に進路を調べたり見に行ったりという活動で、お子さんの気持ちを刺激してあげてください。

質問 5

両親で方針が違ってしまうときは？

①先に2人で話し合って方針を揃える

両親で子育ての方針が違ってしまうと、子どもは大変です。どちらの言うことに従えばいいのか混乱するからです。

サッカーにたとえるならば、試合中の動きを指示する監督が2人いるようなものです。かたや「守備を固めてカウンターを狙え」、かたや「積極的に前に出て攻め続けろ」という状態で成果が出るわけがありません。

選手たちは、きっとこう言うでしょう。

「頼むから試合前にちゃんと話し合ってチームの方針を決めておいてくれない？」と。

両親の方針が違うと、これと同じことが家庭内で起こります。そして、「頼むから先に方針を決めておいてくれない？」と子どもは思っていることでしょう。

そうならないためにも、両親で事前に話し合いをもち、子どもへの指導方針を揃えておいてください。

中学に入る時期は大きな節目になるので、タイミングとしてお勧めです。

また、ふだんは母親がサポートをしているのに、受験期になって急に父親が意見を言ってくることも多いようで、「何なの?」と憤慨している母親の声をＳＮＳでよく見かけます。したがって、**受験学年になる頃に、あらためて受験の方針を両親で話しておくといいでしょう。**

ちなみに私の両親に聞くと、私には「放っておく」、弟には「口出ししていく」という子育て方針だったそうです。性格に合わせた対応だったのでしょうね。

②家庭と塾の方針が違うときも同様に対処する

家庭内で両親の方針が違う場合について書きましたが、これは家庭と塾とでも起こりうる問題です。

塾の方針をよく確認したうえで入塾を決めてください。塾が主導権を握って指導を進める部分に関して保護者が入ってくるとオーバーワークとなり、成果が下がります。注意しましょう。

質問 6

感情を抑えられず子どもを叱り過ぎてしまうときは？

①まずは保護者自身が心身を整える

親も1人の人間です。

さまざまなストレスから、つい子どもに強く当たってしまうこともあるでしょう。

かくいう私自身、睡眠不足であったり、別件でイライラしていたりすると、沸々とたまった「鬱憤《うっぷん》」が、生徒に対して炸裂してしまうことがあります。

たとえば宿題を忘れてきたのに、それをごまかす生徒に対して、明らかに叱り過ぎてしまうのです。

この展開を防ぐためには、まずは保護者も**「早寝・早起き・朝ごはん」**で身体を整えることが大切でしょう。「健全な肉体に健全な精神が宿る」という言葉の通り、身体が整ってくると精神的にも落ち着いてくるものです。

私は自分の心身のコンディションのせいで生徒たちを叱り過ぎたりしないように、

努めて日々、よく寝てよく食べるようにしています。心身ともに整っていれば、外からの刺激（子どもの行動）を落ち着いて受け止めることができる可能性が高まりますからね。

②対応を間違えたら、しっかり子どもに謝る

もしも過剰に叱ってしまったり、勘違いで叱ってしまったりしたときには、非を認めて子どもに謝りましょう。

私たち塾講師もそうですが、どうしても立場は子どもよりも上になりますから、間違って強権を発動してしまう場面もあると思います。実際、私もしばしばあります。

そんなときは、相手が小学生であっても、しっかりと謝るようにしています。人と人との関係ですから、フェアでないと信頼関係は築けませんからね。

恐れるべきは、間違いを認めずにごまかすことです。

「間違えることもあるけど、君を圧倒的に応援しているんだ！」という気持ちが伝わるよう、日頃から自分の言動には注意しましょう。

質問 7

どこからサポートしたらいいですか？

①まずは日常生活のサポートから始める

最初に手をつけてほしいのは、やはり日常生活に関わる部分のサポートです。本書で「最重要2大サポート」と表記した「早寝」と「スマホ制限」が、まずは整えるべき部分です。この2つをビシッとサポートできたならば、保護者としてのサポートの半分を達成したと言ってもいいでしょう。

その他、保護者1人で実行可能なものは、ぜひ今日から手をつけてください。

たとえば、子どもの成績を把握するというのは、30分もあれば実行可能ですよね。

いずれにしても、日常生活のサポートは、内容によっては子どもが家を出る日まで続く可能性があるものです。

できることから、きちんと実践していきましょう。

②学習サポートは本人と相談して選ぶ

次に、学習サポートについては1人ではできませんから、子どもも本人との相談が必要になります。

これから中学に入学するところだという場面であれば、保護者主導で「こんな内容で一緒にやってみよう！」とリードできますが、中学の途中からの提案となると、相談が必要です。

個人的には**「ご褒美の設定」**を子どもとの学習サポート交渉の突破口にすることをお勧めします。親子関係によっては「学習サポートなんていらねえよ！」となるかもしれませんが、「ご褒美なんていらねえよ！」という子どもは、ほぼいませんからね。

まずはご褒美の設定で本人の気持ちを前に向かせて、**「そのご褒美を手にするためにも、こんなことを一緒にやってみない？」**と提案してみるのです。

比較的取り組みやすいのは、勉強の進捗を確認する**「ワークの進捗チェック」**です。子どものやり方に干渉する部分が少なく、親子での衝突も少ないはずですからね。

その他、親子の関係性を考慮に入れながら、別のサポートも提案してみてください。

質問 8

もしかしたら、わが子が「学習障害」ではないかと感じています。

①正しく把握して、できることを実践する

学校や塾の先生が「もしかして?」と思うことがあったとしても、よほど信頼関係がないかぎりは指摘しづらいのが**「学習障害」**です。

学習障害というのは、知的水準や身体の機能に大きな障害はないものの、特定分野の学習が極端に苦手となるのが特徴。一昔前で言えば、「読むのが苦手ね」「漢字が苦手ね」「計算ができないね」の一言ですまされてしまっていたものです。

読むのが著しく苦手な子は**「ディスレクシア(読字障害)」**の疑いがあります。また、文字や文章を書くのが著しく苦手な子は**「ディスグラフィア(書字障害)」**、そして算数や計算が著しく苦手な子は**「ディスカリキュリア(算数障害)」**の疑いがあります。

日常生活のその他の場面では、何も支障がないという子こそ疑わしいです。

お子さんにこんな症状を感じる場面があり、実際に学習に支障が出ているならば、自治体の相談窓口に連絡して相談してみてください。

「○○市 学習障害 相談」と検索をかけて探すと出てきます。

そこから専門家につないでくれるかもしれません。

たとえば、ノートのマス内に文字を書くことができない書字障害の子が、その原因が目の動かし方にあるということでアイトレーニングを受けて、書く文字が整ってきたという実例を過去に聞きました。

「目の動かし方のトレーニングで、書く文字が整うの？」と、完全に専門家の領域であることをまざまざと思い知らされました。

視力が悪くなってきたら眼鏡をかけて生活をするように、学習障害の子たちにも、その子の状況に合った対応をしてあげたほうがいいと、強く私は思うのです。

そのための1歩目を踏み出せるのは保護者でしかありません。

デリケートな話題なので、周りからの助言はないと思って、「もしかして？」と感じたときには、自ら行動に移してみてください。

質問 9

他の家庭での具体的な取り組みをたくさん知りたいです。

①成績上位5%の家庭のアンケート結果を参考にする

本書のために集めた膨大なアンケート結果は、とても紙面だけでは紹介しきれません。参考になる意見や、グラフで集計したものは適宜、掲載しましたが、アンケート全体からしたら、氷山の一角です。

そこで、このアンケート結果のすべてを本書の読者限定でWEB上に公開することにします。

読者にだけわかるパスワードを各WEBページにかけておくので、見るときには本書を手元に置いておいてください。

140家庭の各データをPDFにして、たとえば**「愛知県の中3生保護者Kさん（子さば親さば）」**といった感じでタイトルをつけてあります。

最後の「子さば親さば」は、本書で紹介した勉強に関する親子関係ですよね。

県ごととか学年ごとで分けてみても、アンケート結果に傾向とかはあまり出てこないと思いますが、親子関係ごとで分けたならば、傾向が出るかもしれません。

何より、あなたの家庭と同じ親子関係の家庭の結果をまずは読みたいですよね。

あとは**「質問ごと」**に解答をまとめたものを公開しています。

本書で紹介できていない記述式の質問事項がまだたくさんあります。

こちらも、ぜひご覧いただきたいと思います。

読者特典ページ

成績上位5%の家庭の
アンケート全データを大公開！

この特典ページを
見るためだけに
この本を買ってもいい
というくらいの
価値があります！

質問
10

具体的に定期テストや高校入試の勉強法について知りたいです。

①まずは「赤」の『［くにたて式］中学勉強法』を読む

「はじめに」でも書きましたが、私はこれまでに中学生本人へ向けて3冊の本を書いてきています。それが［くにたて式］という勉強法シリーズです。

表紙の文字の色で「赤」「緑」「金」と親しんでもらっています。

具体的に中学生本人の勉強の取り組みについて詳しく知りたければ、「赤」と呼ばれる（実際は濃いピンク色です）『［くにたて式］中学勉強法』からご覧ください。

「この1冊で中学の勉強が網羅できるように」と広い話題で書いています。

②「緑」の『［くにたて式］中間・期末テスト勉強法』でさらに掘り下げる

赤の本を出版した後、「定期テストの勉強法をもっと詳しく知りたい」という要望が高まったので、続編のように出版したのが「緑」と呼ばれる『［くにたて式］中間・期末テスト勉強法』という本です。

より中学生本人に読んでもらえるようにとイラストを多用しています。この本で書いた通りに勉強をしてテスト順位が上がったという報告をたくさんいただいています。

私の塾での指導内容と同じですから、成績が上がるのは当然。お勧めの1冊です。

③「金」の『［くにたて式］高校入試勉強法』は中2の2学期がベスト！

上記2冊を読んでいただいて、「参考になった！　成績が上がった！」ということであれば、ぜひ高校入試へ向けて「金」の『［くにたて式］高校入試勉強法』も読んでみてください。読むタイミングは、中学2年の2学期をお勧めします。

この本を通して、高校入試というものの全体像を知り、お住まいの都道府県の高校入試システムを調べ、高校入試の勉強に備えてもらえると、入試準備は安心です。

盛大に宣伝していますが、それは本の内容に大きな自信があるからこそです。

現役の塾講師が、25年超の指導歴を活かして書いています。

よかったら、ぜひお読みください。

おわりに

今こそ、わが子をサポートできる幸せを噛みしめよう

私は想像します。

本書を読んでいただいた各家庭でお子さんが産まれたときのことを。

母親が大きな痛みに耐えながら、必死でお子さんを出産したであろうことを。

「どうか元気に生きていってほしい」と、親のだれもが願ったであろうことを。

ときがたち、そのお子さんが中学生になった頃にこの本を手にしていただいているわけですが、**「この本を手にして、子どもの成績やサポートに関心があるというこの時点で、お子さんが元気に育っている証拠ではないか」**と私は思うのです。

産まれたときに願った「元気に生きていってほしい」という思いは、おそらく多くの家庭ですでに叶えられています。これは、本当に幸せなことです。

まずは、この幸せを噛みしめてほしいなと、他人ながら私は思っています。

お子さんの学習面で不安が募ることも、怒りが湧いてくることも多々あるでしょう

が、どうか落ち着いてください。安心してください。

お子さんもあなたも、今、圧倒的に幸せなのですから。

まずは、この事実を思い出し、この本を参考にしながら、お子さんのサポートに取り組んでもらえたらいいなと私は願っています。

最後に、アンケートに協力いただいた140家庭の皆さま。あなた方の協力なくしてこの本はできませんでした。本当にありがとうございました。

4冊目のおつき合いとなった編集の竹下さんをはじめとする大和出版の皆さま。いつもありがとうございます。おかげで、私の思いが形になりました。

そして、ここまでお読みいただいたあなた。最後までおつき合いいただき、ありがとうございました。

楽しみながらお子さんへのサポートを実行していただけることを期待しています。

さくら個別指導学院　代表　國立拓治

指導歴25年超＆"生の声"で実証！
[中学生《ちゅうがくせい》]成績《せいせき》トップの子《こ》の親《おや》がしていること

2023年5月31日　初版発行
2023年7月6日　3刷発行

著　者……國立拓治《くにたてたくじ》
発行者……塚田太郎
発行所……株式会社大和出版
東京都文京区音羽1-26-11　〒112-0013
電話　営業部03-5978-8121／編集部03-5978-8131
http://www.daiwashuppan.com
印刷所／製本所……日経印刷株式会社

ISBN978-4-8047-6412-2

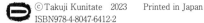